D1749705

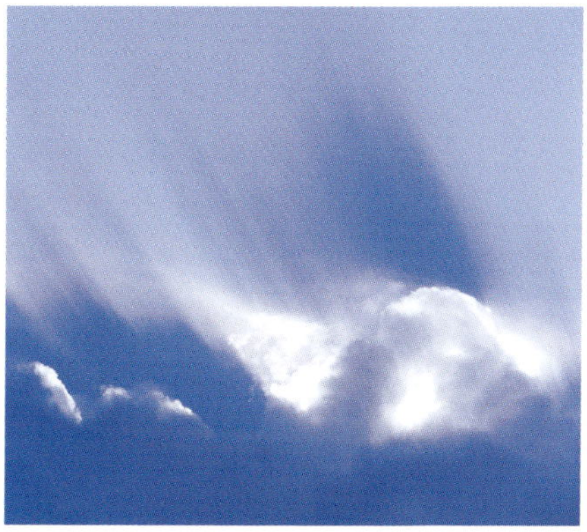

©	Elisabeth Sandmann Verlag GmbH, München
	1. Auflage 2005
	ISBN 3-938045-09-4
	Alle Rechte vorbehalten
Vorwort	Wim Wenders
Essay	Beat Wismer
Wiss. Beratung/Textbeiträge	Dr. Michael Sachweh
Redaktion	Eva Römer
Gestaltung	Kuni Taguchi
Herstellung	Karin Mayer, Peter Karg-Cordes
Lithografie	Christine Rühmer
Druck und Bindung	L.E.G.O., Vicenza

Besuchen Sie uns auch im Internet unter www.esverlag.de

Clemens Zahn

WOLKEN
Landschaften am Himmel

mit einem Vorwort von
Wim Wenders

ELISABETH SANDMANN

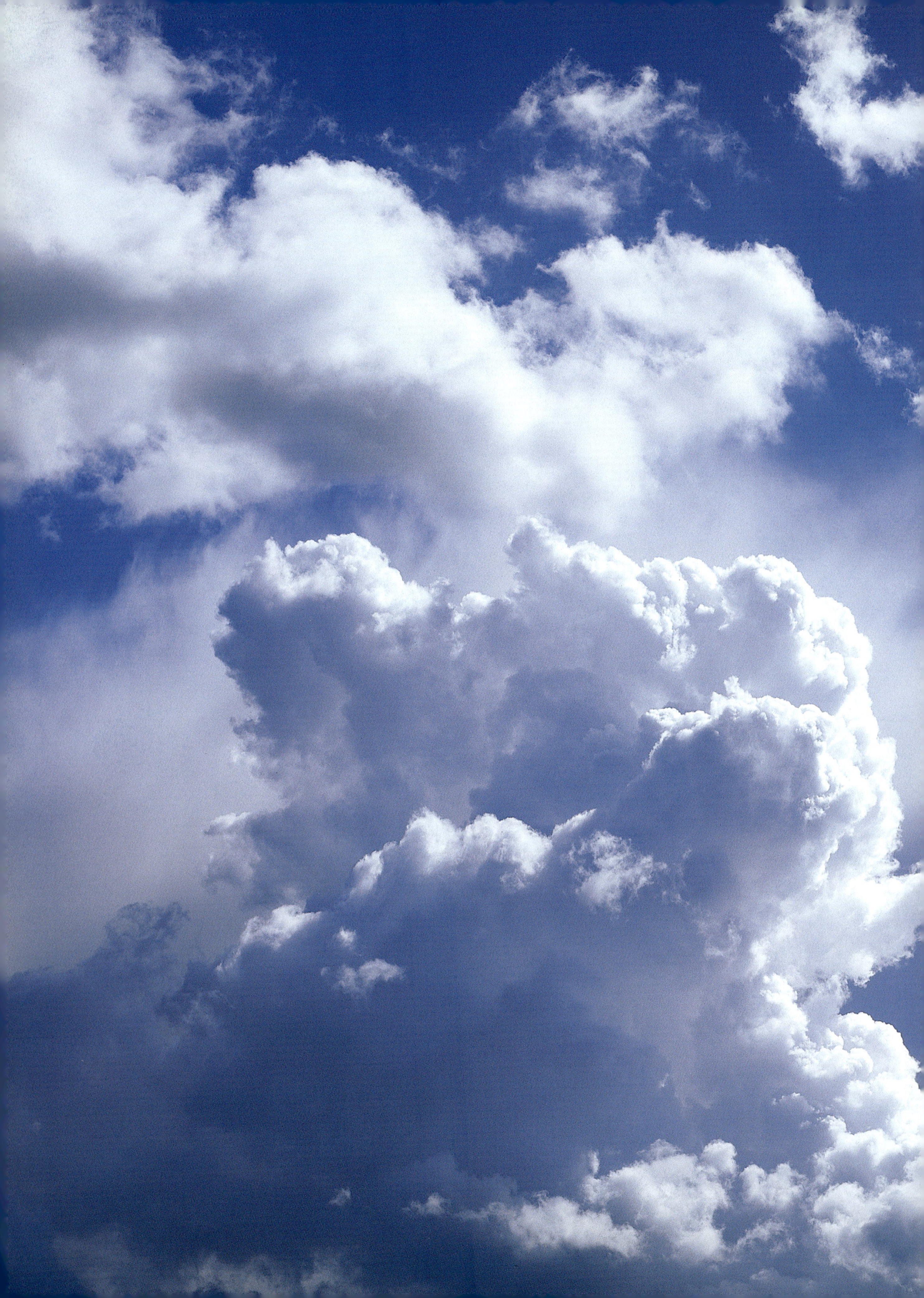

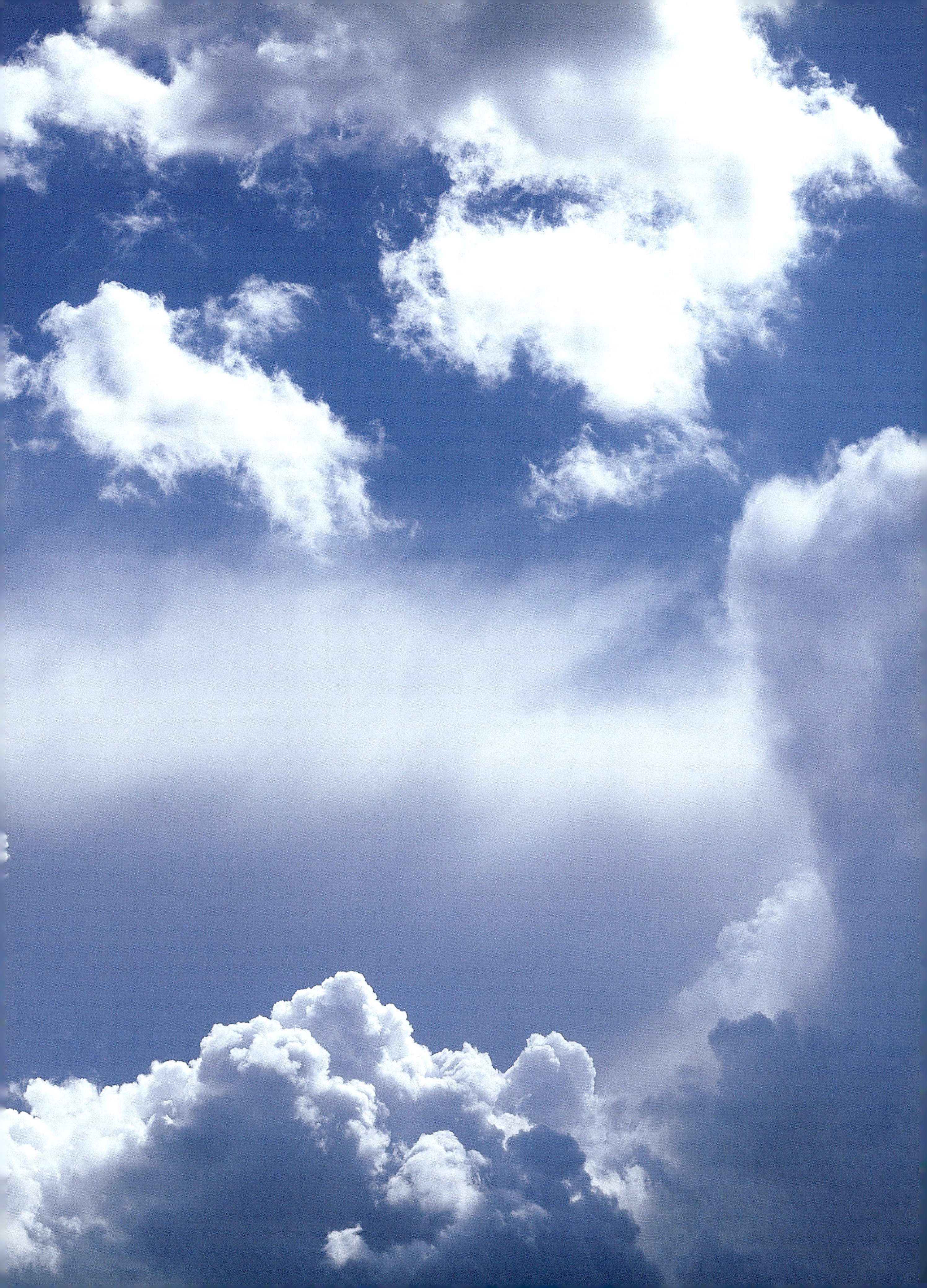

WIM WENDERS *Wolkenschiffe*

Wolken ziehn vorbei
Dunkel und hell
Langsam und schnell
Sie ziehn vorbei ...

(2raumwohnung)

Ich blicke in den wolkenlosen Himmel
und warte auf eine Inspiration.
Aber da spannt sich nur jenes Blau,
dem man nicht auf den Grund kommen kann,
so lange man auch hoch schauen mag,
und so senke ich meine Augen wieder auf mein Papier.
Das ist weiß und unschuldig.
Ich schließe die Auge ...

Wolken!
Wolkenschiffe ...

Ich sitze im Flugzeug wann immer es geht,
auf einem Fensterplatz.
Es geht mir gar nicht so sehr darum,
die Landschaft unten vorbeiziehen zu sehen,
die sehe ich lieber auf Augenhöhe, aus Zügen heraus.
Aber jener Moment, wenn der Flieger durch die Wolken bricht
und wenn man aus der Dunkelheit und dem grauen Regenwetter
plötzlich in jenes von der Sonne überflutete Reich über den Wolken stößt,
das ist jedes Mal ein kindliches (und königliches) Vergnügen.

Und dann kann ich noch lange
auf diese neue abenteuerliche Landschaft starren,
die sich da vor mir (und bald unter mir) ausbreitet,
diese Wolkenmeere,
Wolkenkontinente,
die von niemandem je vermessen oder kartografiert wurden
und die es auch immer nur für eine kurze Zeit so geben wird
und dann nie mehr.

Am schönsten sind die Flüge,
auf denen man in diese großen Wattebäusche eintaucht
und wieder aus ihnen heraussticht,
durch immer wieder neue Täler hindurch
und in neue, atemberaubende Wolkenschluchten hinein.

So kompakt und solide diese Riesenskulpturen auch aussehen mögen,
so überraschend immateriell und luftig sind sie dann,
wenn man sich ihnen nähert.
Wenn die Flugzeugflügel sie zerschneiden,
werden sie zu Wind, zu Nebelschwaden,
die sich in stromlinienförmige Fäden auflösen.

Gewitterwolken,
die da wie Furcht erregende Trutzburgen im Himmel stehen,
werden dann manchmal auch mit Respekt umflogen.
Wenn das Flugzeug sie trotzdem herausfordert
und in sie hineintaucht
folgt die Bestrafung zumeist auf dem Fuß,
und man wird gerüttelt und geschüttelt,
fallen gelassen und hochgeschoben.
Wolken haben ihren eigenen Willen.
Und sie haben Charakter.
Manche sind geladen und wild,
andere kraftvoll, aber gelassen,
wieder andere zart und feinfühlig.

Einmal durch solche Gewitterwolken fliegend,
wurde unser Flugzeug von mehreren Blitzen getroffen,
die sich jedes Mal wie flüssiges Metall
gleißend auf den Tragflächen ausbreiteten
und sie jeweils ganz zu umhüllen schienen.
Ich war sicher, mein letztes Stündlein hatte geschlagen.
Innen waren längst alle Lichter ausgefallen.
Die alte Dame neben mir hatte sich in meinen Arm gekrallt
und schrie mir bis ins Mark hinein.

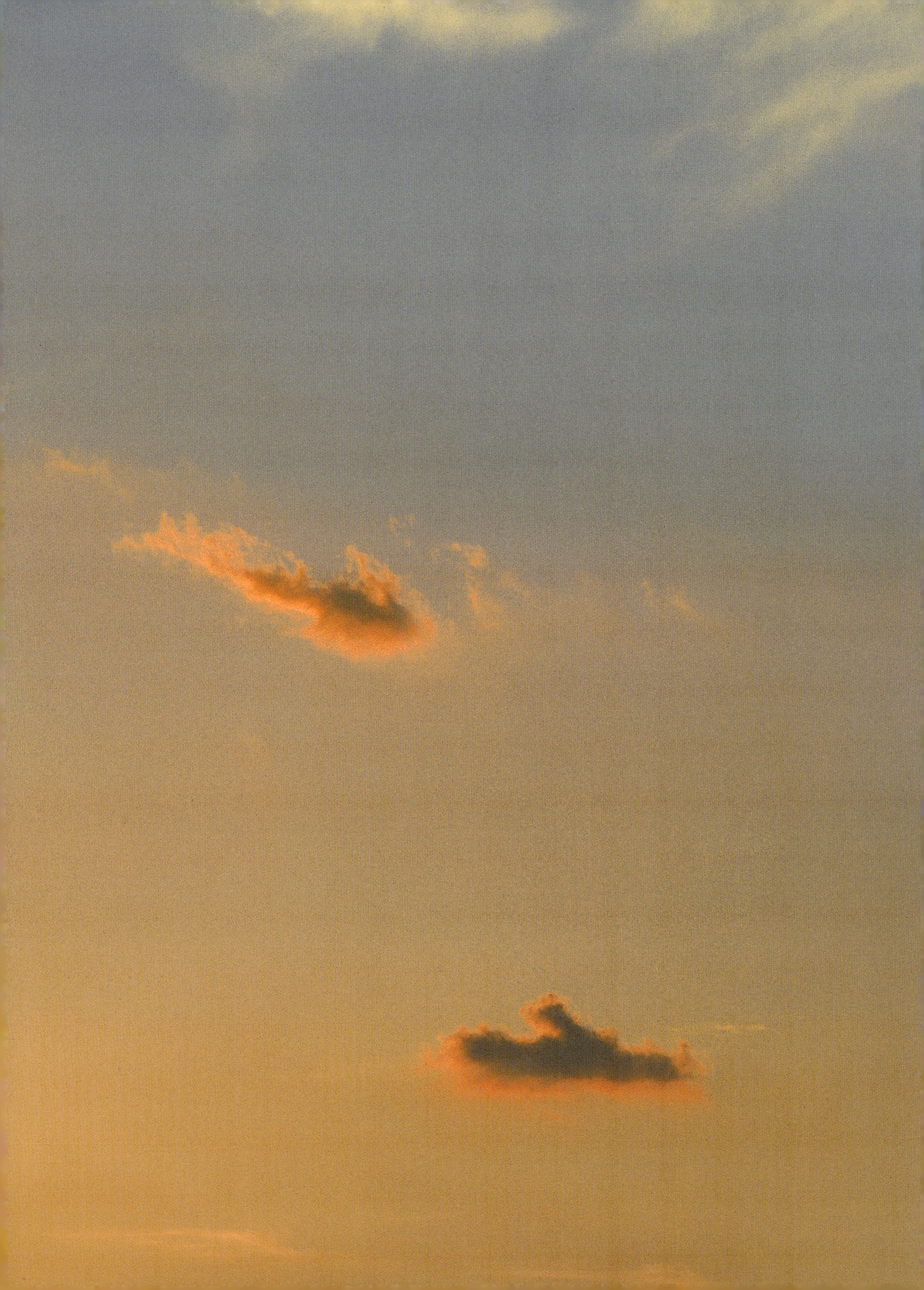

Kein Blitz und kein Donner, unten auf der Erde erlebt,
kann mir seitdem mehr Angst machen.
Aber ich sehe mit mehr Respekt hinauf
zu den Wohnstätten des Donnergotts.
Brachiale Gewalt kann sich dort entfalten,
der wir Menschen, ohnehin nicht zum Fliegen geboren,
hilflos ausgeliefert sind.

Auch im umgekehrten Flug zurück,
wenn zum ersten Mal wieder,
für Sekundenbruchteile und oft verschwommen,
durch kurze Schlitze und Spalten zwischen den Wolken,
der Boden und die Landschaft dort unten sichtbar werden,
dann sehe ich atemlos hinunter.

Nicht, dass ich irgendeine Flug- oder Höhenangst hätte.
Aber das Wiederauftauchen der Erde
stellt plötzlich erneut einen Abstand her,
der vorher vergessen war,
und die Wolkendecke wird zur Demarkationslinie
zwischen dem festen Erdreich da unten
und dem grenzenlosen, haltlosen, unendlichen
Himmelsreich,
zu dem wir eben nicht gehören.

(Der berühmte Kupferstich aus dem Mittelalter
mit dem Mann, der seinen Kopf durch die Wolkendecke steckt,
welche die Erde da wie ein Mantel umgibt,
und der zum ersten Mal
das damals noch unbekannte Universum der Planeten erblickt...
Im Landeanflug durch die Wolken starrend,
fühle ich mich immer, als sähe ich nun umgekehrt »von draußen«
auf diese Erde hinab,
als Heimkehrer...)

Durch die Flugbekanntschaften mit dem Reich der Wolken
hat sich über die Jahre auch meine Beziehung zu ihnen geändert,
wenn ich in den Himmel hoch schaue.
(Und wie oft sehe ich dann prompt die schnurgeraden Linienspuren
und Kondensstreifen von Flugzeugen
wie von Menschenhand gezeichnet,
wie Flugpläne,
wie Strickmuster von Reiselust.
In Gedanken zumindest
kann ich dann oben und unten gleichzeitig sein…)

Von unten gesehen
(seit ich sie also auch recht regelmäßig von oben betrachte)
sind die Wolken zwar immer mehr
eine eigene Zwischenwelt,
eine Pufferschicht
zwischen »uns« und dem »Firmament«,
dem Unerklärlichen und Unfassbaren.
Aber ich weiß: sie gehören doch mehr zu uns!
Wie ein Schutzschild,
der immer auch ein Teil unserer Phantasie ist.

Wolkenkuckucksheime.
Schafherden.
Segelschiffe.
Traumgebilde.
Entfernte Gebirge.
Ufos.
Raumschiffe.
Geister.
Hexenjagden.
Spinnweben.
Fabeltiere.

Landschaften ohne Wolken darüber
haben etwas Unvollständiges, Nacktes.
Fast wie Bücher, von denen man die Umschläge verloren hat.
Wie Augen ohne Lider.
Sie wirken »unbehütet«.
Der Sonne, die da herniederscheint,
fehlt eine Freundlichkeit,
sogleich wirkt sie »unbarmherzig«.
Bewölkte Landschaften dagegen strahlen sofort
eine gewisse Barmherzigkeit aus
eine Art liebevollen Wohlwollens.

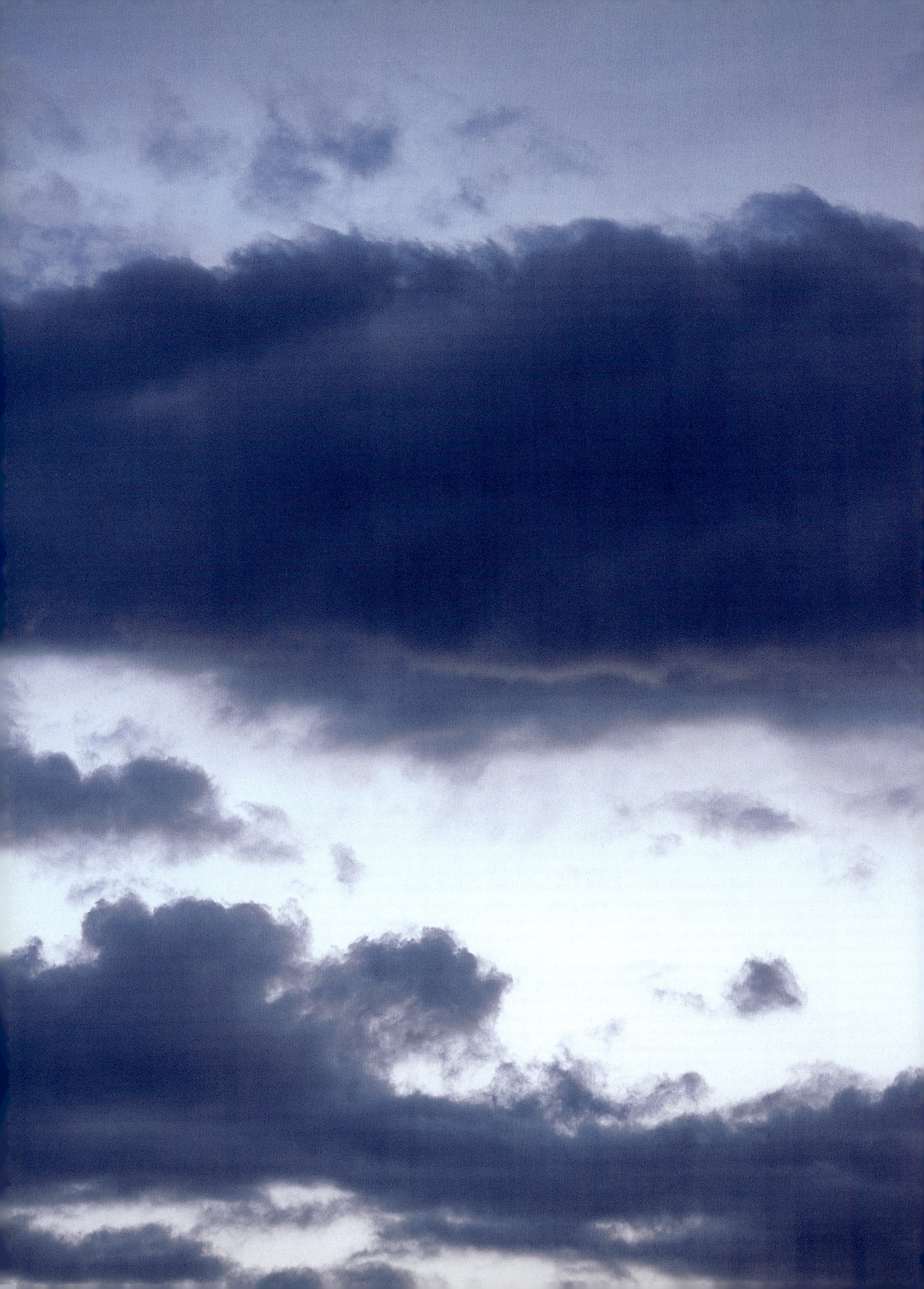

Solange die Wolken da sind, fällt uns das nicht auf.
Erst mit ihrer Abwesenheit
lassen uns die Wolken spüren,
was ihre Gegenwart uns schenkt.

Der immer gleich grenzenlose, wolkenlose Himmel
lässt uns schrumpfen und kleiner werden.
Er macht uns einsam.
Wolken sind auch Begleiter!
Wodurch?
Sie machen Zeit deutlich!
Der Ewigkeit des Firmaments über ihnen gehören sie nicht an,
sie sind vielmehr unstet wie wir:
der Veränderung unterworfen,
langsam aber sicher dahin ziehend.
Metaphern für unsere Vergänglichkeit.

Manchmal,
wenn man am frühen Abend denkt,
dass die Sonne untergegangen sei,
weil sie den ganzen Nachmittag nicht mehr zu sehen war,
kommt sie plötzlich doch noch einmal zum Vorschein,
tief am Horizont,
und bescheint die Wolkendecke von unten.
Als ob das ganze Universum dann umgedreht wäre,
seltsam ins Gegenteil verkehrt,
die Erdoberfläche sozusagen zum Himmel geworden,
leuchten dann die Unterseiten der Wolken,
oft in den unwirklichsten rosaroten bis purpurnen Farben.

In diesen wunderschönen kostbaren Momenten
(selten genug und immer auch nur ganz kurz)
scheint selbst die Erdanziehung außer Kraft gesetzt.
Man ist geneigt zu glauben,
dass alle Gegenstände vom Erdboden abhöben
und ins All gezogen würden.
Fast möchte man sich festhalten.

Als Kind mit dem doch reichlich unverständlichen Phänomen hadernd,
dass die Erde sich also drehen sollte,
habe ich mir das lange so erklärt,
dass die Wolken dann also in Wirklichkeit auf der Stelle stünden
und die Erde sich unter ihnen vorbeidrehen würde.
Die Erwachsenen schenkten meiner Theorie kein Gehör,
aber meine Freunde nickten zustimmend.
Ja, so musste es wohl sein.

Ich kann diese kindliche Phantasie
heute noch nicht so ganz ablegen.
Ich sehe die Wolken immer noch lieber als Fixpunkte
und mich (uns) als die, die sich bewegen
und die etwas bewegen.

»Motion Pictures.«
Bilder von Bewegung...
Beim Filmemachen
schauen Kameramann und Regisseur oft in den Himmel.
(Manchmal teilt man eigens dafür sogar jemanden ein,
zumeist den »Oberbeleuchter«,
um da durch ein Dunkelglas ständig hoch zu schauen.)

Kommt die Sonne hinter den Wolken hervor?
Oder andersherum:
Wann haben wir endlich wieder Schatten?
Dann werden die Wolken plötzlich
zu Komplizen oder Widersachern.
Bewegen sich, wie absichtlich, langsamer als man denkt.
Oder verschwören sich,
indem sie sich in verschiedenen Schichten gegeneinander bewegen.

Da wird es ganz deutlich,
wie unser Tageslicht zwar immer von der Sonne kommt,
aber von den Wolken dosiert, verändert und abgestuft wird.
Und wie auch die Luft zwischen uns und dem Himmel
immer schon zur Wolkendecke gehört.
Die diesigen Tage,
an denen man zwar ahnt, wo die Sonne steht,
sie aber nie zu Gesicht bekommt,
ist da nicht auch die Luft schon dicht und milchig?
Und wenn die Kumuluswolken gestochen scharf
über uns herschweben,
ist dann nicht auch die Luft kristallklar?

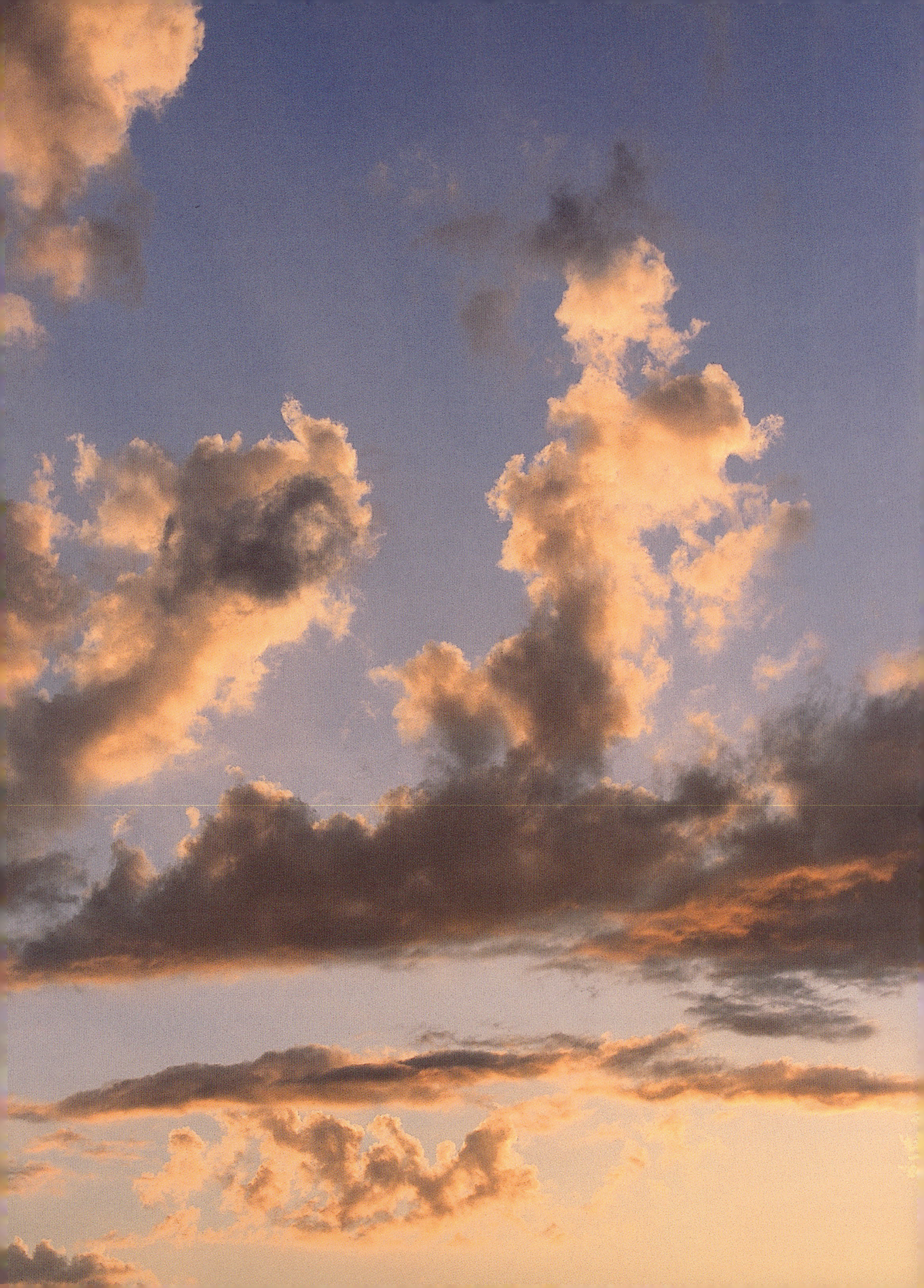

Wenn man im Studio Licht »baut«
(ja, so sagen die Beleuchter)
erfindet man sich auch die Wolken dazu,
um das Licht abzulenken,
härter oder weicher zu machen,
diffuser oder direkter.

Niemand weiß mehr über Wolken als die Maler!
Vor allem die holländischen Landschaftsmaler!
Die haben den Horizont oft in die untere Bildhälfte gelegt
und darüber einen riesigen Wolkenhimmel gemalt.
So etwas Vergängliches und Luftiges wie Wolken
auf die Leinwand zu bannen, damit zu verfestigen
und ihren Aggregatzustand in sein Gegenteil zu verwandeln,
das erscheint mir nach wie vor immer wie eine Ungeheuerlichkeit,
etwa so wie fließendes Wasser zu malen.
Auf Aquarellen glaube ich den gemalten Wolken schon eher.
Aber in Öl oder Acryl halte ich sie grundsätzlich für Phantasiegebilde,
für »Wunsch-Wolken«, für Wolkenmetaphern.

Reisende sollte man nicht aufhalten…

Wie ich jetzt wieder hinaufschaue,
steht im nach wie vor unendlich blauen Himmel
eine einzige kleine Wolke über mir.
Habe ich sie vorhin noch übersehen?
Von wo ist sie so plötzlich angesegelt gekommen?

Oder schaut sie mir nur über die Schulter?

… Unsere Herzen sind Segelschiffe …

BEAT WISMER

Von der Entdeckung zur Erfindung des Himmels

Die Geschichte der Wolke in der bildenden Kunst

Im Dezember 1802 hielt der junge Chemiker und Hobbymeteorologe Luke Howard in London unter dem Titel »On the Modifications of Clouds« – »Über die Bestimmung der Wolken« – einen Vortrag, in dem er die typischsten Erscheinungsformen der Wolken mit prägnanten Begriffen benannte. Auch wenn diese einfache Nomenklatur schon von Howard selbst und von seinen Nachfolgern immer weiter verfeinert wurde, hat Luke Howard mit den Namen Cirrus (Federwolke), Cumulus (Haufenwolke) und Stratus (Schichtwolke) sowie mit deren Kombinationen Cirrocumulus, Cirrostratus, Stratocumulus und mit Nimbus für die Regenwolke die vier wesentlichen Begriffe erfunden, welche von der Meteorologie noch heute verwendet werden, wenn sie von den Erscheinungsgestalten der Wolke spricht. Dabei lag das Thema, wenn denn das Wortspiel am Platz ist, natürlich in der Luft: Wie andere Gegebenheiten der Natur und der Umwelt gehörte die Wolke zu jenen Phänomenen, denen sich die Naturwissenschaften schon in der Aufklärung zuwandten. In ihrer sich ständig wandelnden und quasi substanzlosen Erscheinung aber gilt sie in jener wissenschaftsbegeisterten Zeit als eine der ganz großen Herausforderungen. Was die Publikation von Luke Howards Vortrag im Jahre darauf bedeutete, welche Wirkung sie weit über die Meteorologie hinaus hatte, kann heute nur annähernd nachvollzogen werden. Der Hinweis auf Johann Wolfgang von Goethe mag hier genügen: Der herausragende Universalgelehrte hatte sich bereits in den 1770er Jahren mit meteorologischen Fragen beschäftigt; er entdeckte Howard 1815, nachdem dessen Vortrag auf Deutsch erschienen war. Goethe, der sich damals um eine Wissenschaft be-

Luke Howard (1772–1864)
Cirrus, Cumulus und Stratus, 1803, Kupferstich von
Lowry nach Howard, aus: »On the Modification
of Clouds«, in: *Tilloch's Philosophical Magazine*, 16,
London 1803

mühte, die den Fragen nach Gestalten und Formen sowie dem Zusammenhang zwischen natürlichen Mustern und Formen nachgeht, war begeistert: Die Wolke trat wieder näher ans Zentrum seiner naturwissenschaftlichen Interessen, und er sprach von dem englischen Naturforscher als »dem Manne, der Wolken unterschied«. Unter dem Obertitel »Howard's Ehrengedächtnis« verfasste er vier Gedichte, von denen jedes eine der Hauptformen der Wolken zum Gegenstand und zum Titel hat. Er publizierte mehrere Abhandlungen zu Howards Wolkenlehre, die er auch mit eigenen Wolken-Zeichnungen illustrierte, und 1821/22 nahm er mit dem um eine Generation jüngeren Luke Howard, als dessen Schüler er sich bezeichnete, Kontakt auf. Indem Goethe Howards Nomenklatur übernahm, trug er wesentlich mit dazu bei, dass diese allgemeine Verbindlichkeit erlangte.

Die Zeit um 1800 mit ihrem Bemühen, das Unfassbare auf den Begriff zu bringen, bedeutete sowohl für die Meteorologie als auch für die Kunstgeschichte, die sich mit der Darstellung der Wolken befasst, einen tiefen Einschnitt. Auch in der Kunstgeschichte gibt es eine Zeit ante und eine Zeit post Howard. Aus diesem Grund war, bevor wir uns nun für unseren Abriss der Wolkendarstellung den Künstlern und den Bildern zuwenden, unser Ausflug in die Geschichte der Meteorologie notwendig.

Als realistische Darstellung eines Naturphänomens umfasst die »Vorgeschichte« der Wolke in der westlichen Kunst, auf die wir uns hier konzentrieren, rund drei Jahrhunderte. Sie beginnt im 15. Jahrhundert mit der Ersetzung des Goldgrundes als Hintergrund auf Bildern mit religiö-

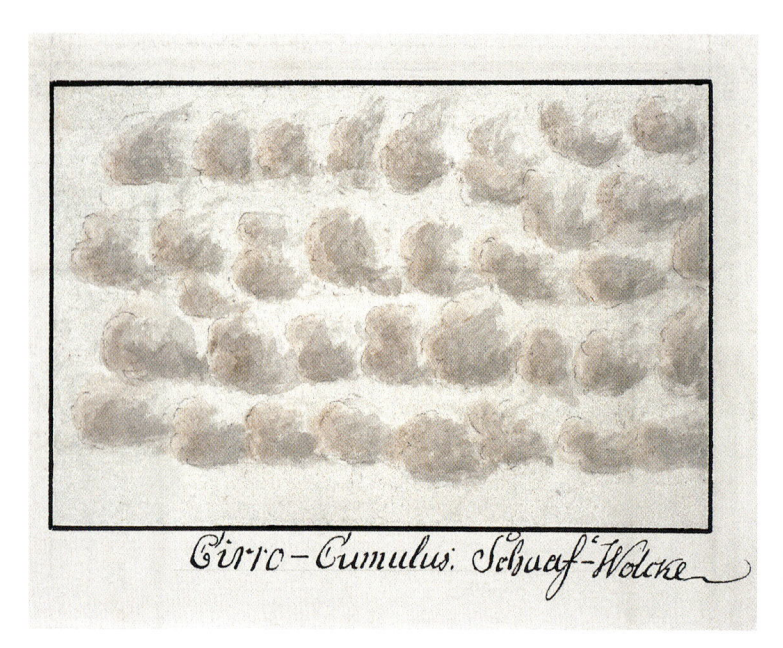

Johann Wolfgang von Goethe (1749–1832)
Cirro-Cumulus. Schaaf-Wolcken, 1817,
Bleistift, Aquarell, Goethe-Nationalmuseum,
Weimar

sen Szenen, und sie endet in der Aufklärung, im späten 18. Jahrhundert, mit Bildwerken, in denen die Wolke nicht mehr nur Teil der Umgebung einer Darstellung, sondern zum hauptsächlichen oder alleinigen Bildgegenstand geworden ist. Oder als Beispiel: Als mit Konrad Witz um 1444 erstmals ein Maler eine religiöse Szene in einer topografisch bestimmbaren Gegend darstellte – den Fischzug Petri auf dem Genfersee – gehörte zur realistischen und das Geschehen als aktuelles vorstellenden Intention, dass sich über der Szenerie und der Landschaft, mit dem Mont-Blanc-Massiv im Hintergrund, ein teilweise mit Wolken bedeckter Himmel wölbte. In den 1770er und 1780er Jahren malten Alexander und John Robert Cozens, Vater und Sohn, eine umfangreiche Reihe von Werken, meist als Aquarell oder als Ölstudie, die der alleinigen Darstellung von Wolken gewidmet waren und zum Teil auch mit »Cloud« betitelt waren. Alexander Cozens gab 1785/86 eine Publikation heraus, zu der auch eine Serie von zwanzig Radierungen mit »skies« gehört, die in der Art eines Inventars Variationen von Wolken und Wolkenformationen am Himmel festhält. Die beiden Cozens', um eine respektive zwei Generationen älter als Constable, Turner und Howard, waren Vorläufer der nach 1800 zahlreich auftretenden Wolkenmaler; Alexander Cozens' »New Method« mit ihren »cloudscapes« gehört zu den ersten Maltraktaten, die sich auf die Anleitung für Wolkendarstellungen konzentriert. Daraus konnten Maler wie aus einem Muster- oder Vorlagenbuch zur Komposition ihrer Landschaften passend scheinende Wolkenformationen auswählen. In der Zeit, da Cozens seine »skies« respektive »cloudscapes« publizierte, entstanden auf der ersten Italien-

Alexander Cozens (1717–1786)
Die Wolke, um 1770, Bleistift und Aquarell
auf Durchpauspapier, Tate Gallery, London

John Robert Cozens (1752–1797)
Die Wolke, um 1785, Aquarell über Bleistift,
Tate Gallery, London

reise 1787 auch Goethes erste Wolkenzeichnungen. Bevor wir uns ganz der Wolke als autonomem Bildgegenstand in der im modernen Sinn freien Kunst zuwenden, müssen wir allerdings noch auf die Rolle der Wolke als Bedeutungsträgerin in Bildwerken mit einer religiösen Thematik hinweisen. Die Wolke – eine nicht greifbare, über der Erde schwebende Erscheinung und gleichzeitig ein Phänomen, das mit durchaus irdischen Gegebenheiten und Bedingungen wie Klima und Wetter verbunden und von solchen und deren Veränderungen abhängig ist – gehört weder ganz zur Erde noch ganz zum Himmel, sondern recht eigentlich zu beiden Sphären. Sie schwebt zwischen Himmel und Erde, und so wurde sie von Malern religiöser Bilder immer wieder als Mittlerin zwischen der irdischen und himmlischen, der menschlichen und der göttlichen Welt eingesetzt.

Mit Hilfe von Wolken werden Apotheosen dargestellt, die Gottesmutter Maria wird auf Wolken von der Erde in den Himmel getragen, aber auch andere Heilige erscheinen, auf Wolken getragen, den Menschen auf der Erde, Gottvater schaut von Wolkenbänken aus auf die Erde: In solcher Funktion sehen wir die Wolke, oft aufs erkennbare Zeichen verknappt dargestellt, immer wieder auf Bildwerken, in welchen ein überirdischer, sich in der Zone zwischen Himmel und Erde abspielender Vorgang bild- und glaubhaft vorgestellt werden soll – in Bildern der hohen Kunst wie auch auf volkstümlichen Votivtafeln.

Allerdings möchten wir den Exkurs in göttliche Gefilde aus unserem engeren Thema noch etwas ausweiten: Als Zeus in lustvoller Absicht der Io nachstellt, kommt er in einer Wolke oder als Wol-

Giovanni Battista Tiepolo (1696–1770)
Die Verherrlichung des Hauses Pisani,
1761/62, Deckenfresco, Villa Pisani in Stra

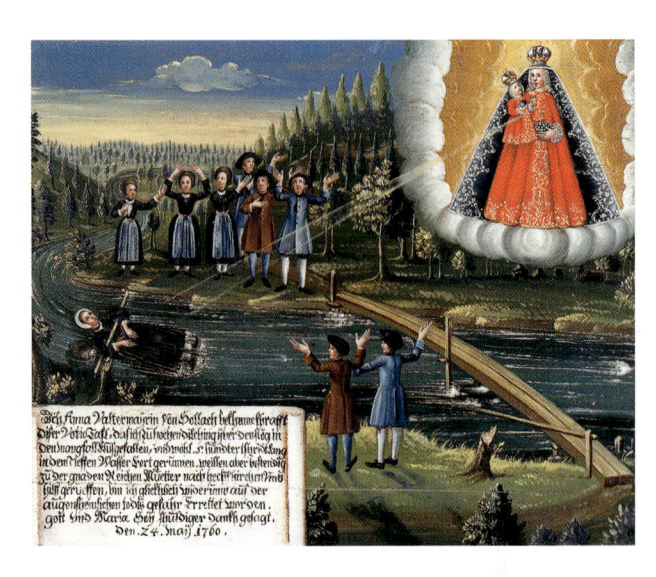

Votivtafel aus Kleinhöhenkirchen/Bayern
Muttergottes vor Lichtloch in Wolkengirlande, 1760,
Öl auf Holz, Staatliche Museen zu Berlin, Museum
Euröpäischer Kulturen

ke zu ihr, und er breitet sogleich eine Wolke über sie, auf dass das ehebrecherische Geschehen den Augen seiner eifersüchtigen Gattin Hera verborgen bleibe. Beide Frauen, Io und Hera, werden sich die Frage gestellt haben (die gleiche Frage wird viel später Joseph Beuys im Titel eines Werkes von 1981 stellen): was birgt die Wolke? Und beide haben sie es, jede für sich, herausgefunden. »Zeus naht sich, in einer Wolke verborgen, der Io« – mit seinem um 1530/32 entstandenen Gemälde hat Correggio eines der erotischsten Werke der neueren westlichen Kunstgeschichte überhaupt geschaffen. Es gibt kaum eine schönere und sinnlichere Darstellung einer sich dem Genuss des sexuellen Aktes und dem erotischen Vergnügen hingebenden Frau. Diese auch überaus erotisch gemalte Darstellung des Genusses von göttlichem Sex, bei dem die Wolke nun eine ganz spezielle und eine Hauptrolle spielt, könnte Ausgangspunkt sein für eine ganz andere Geschichte der Wolke, für die Betrachtung der Wolke unter einem erotischen Aspekt: Diese Geschichte, ein überaus reizvolles und herausforderndes Projekt, ist noch nicht geschrieben, eine solche Ausstellung hat es noch nicht gegeben. Sie müsste einen weiten Bogen spannen, neben dem frühen Beispiel von Correggios Bild aus dem italienischen Manierismus käme darin der viel später, 1913, in der Wiener Moderne gemalten »Windsbraut« von Oskar Kokoschka eine zentrale Position zu.

Aber zurück zur Vorgeschichte der Wolke im engeren Sinn, zu ihrer Entwicklung vom »bedeutungsfreien« Element in der von jeglicher Verpflichtung nach einer darüber hinaus gehenden Inhaltlichkeit entlassenen Landschaftsmalerei bis

Correggio (1489–1534)
Jupiter und Io, (Jupiter nähert sich Io in Gestalt einer Wolke), um 1531, Öl auf Leinwand, Kunsthistorisches Museum, Wien

Oskar Kokoschka (1886–1980)
Die Windsbraut, 1914, Öl auf Leinwand, Kunstmuseum, Basel

hin zur Wolke als alleiniger Protagonistin einer Darstellung. Wir finden zwar den Begriff »Landschaftsmaler« schon 1521 bei Dürer, aber es sollte noch über ein Jahrhundert dauern, bis sich im 17. Jahrhundert zuerst in Holland, nach dem calvinistischen Bildersturm mit seinem Verbot bildhafter religiöser Darstellungen, die Landschaftsmalerei als eigenständige Bildergattung etablierte. Wolkenskizzen und -studien kennen wir zwar aus der italienischen ebenso wie aus der Renaissance nördlich der Alpen, von Leonardo ebenso wie von Dürer, deren Intention erfüllt sich aber erst im Kontext eines Himmels über einer Landschaft – die im Bild als Ortsangabe für ein sich darin abspielendes Geschehen dient. Auch innerhalb der Bemühungen der Renaissance, die Außenwelt möglichst korrekt im Bild wiederzugeben, muss die Wolke eine besondere Herausforderung bedeutet haben, als ihr mit den Gesetzen der noch jungen, quasi wissenschaftlich angewandten Linearperspektive nicht beizukommen war. Die Wolke gehört nun mal zu jenen flüchtigen Phänomenen, die im System einer kartesianischen Perspektive nicht vorgesehen sind und durch ein solches auch nicht beschrieben werden können.

Die unter unserem Aspekt bedeutendsten Gemälde aus der Zeit lange vor 1800 finden wir in der holländischen Landschaftsmalerei. In diesen reinen Landschaften ohne szenisches Geschehen mit tiefem und flachem Horizont, durch den zwei Drittel der Bildfläche der Darstellung des Himmels reserviert bleiben, spielen die Wolken über dem Landschaftsvorwurf eine eminent wichtige Rolle: als interessantes Geschehen am Himmel,

Jacob van Ruisdael (1628/29–1682)
Ein Walddorf hinter Dünen, Öl auf Leinwand,
Gemäldegalerie Alte Meister, Staatliche Kunstsammlungen Dresden

aber auch für den Bildraum und für die sich in hellem und verschattetem Licht plastisch präsentierende Topografie. Von den zahlreichen holländischen Landschafts- und Wolkenspezialisten sei hier nur der wohl wichtigste erwähnt, Jacob van Ruisdael, dessen Gemälde über hundert Jahre nach ihrer Entstehung, in der zweiten Hälfte des 17. Jahrhunderts, sowohl vom Wolkenmaler par excellence zur Zeit der Entdeckung der Wolke, von John Constable, wie auch von Goethe hoch verehrt wurden.

Nachdem in den Jahrzehnten zuvor das Malen im Freien zur regulären Praxis geworden war, avancierte um 1800 die Landschaftsmalerei zur populärsten und auch kommerziell erfolgreichsten Bildgattung. Gleichzeitig schuf Luke Howard mit seiner Wolken-Nomenklatur einen sensationellen Durchbruch in der Meteorologie, der in der wissenschaftsbegeisterten Epoche breit und mit Begeisterung zur Kenntnis genommen wurde. Da nun die typischsten Formationen dieser flüchtigen Gebilde zu ihren Namen gekommen waren, wollten sie auch bildhaft festgehalten und als typisches Bild publiziert werden.

Zwischen 1820 und der Jahrhundertmitte wurde die Wolke zur herausfordernden Lehrmeisterin der Malerei, und die Wolkenmalerei von Norwegen bis Italien regelrecht zur Mode, so dass der einflussreiche Theoretiker John Ruskin 1856 in seinem Buch »Modern Painters« die moderne Landschaftskunst mit »Dienst an den Wolken« umschrieb. Die Kraftzentren der Bewegung lagen in England, im Umkreis Howards, und in Deutschland, im Umkreis Goethes. Die Namen der Wolkenmaler sind sonder Zahl, typisch für die Herausforderung der Darstellung, deren Gegenstand sich dem Maler ja in immer wieder veränderter Form präsentiert, ist eine schnelle, der Flüchtigkeit des Phänomens entsprechende, flüchtige Technik und ein meist kleines Format. Mit John Constable und William Turner nennen wir hier nur die beiden bekanntesten englischen Wolkenmaler nach den im 18. Jahrhundert – vor Howard – wirkenden Vorläufern Alexander und John Cozens. Beide sind sie nur drei bis vier Jahre jünger als der 1772 geborene Luke Howard. Es ist zwar nicht belegt, aber wir können mit Sicherheit davon ausgehen, dass Constable Howards Klassifikationen bekannt waren und er sich mit ihnen auseinandersetzte. In den Sommern 1821 und 1822 konzentrierte er sich bei Hampstead Heath auf das »skying«; während er gleichzeitig Cozens' Serie der »skies« kopierte, entstand dort eine umfangreiche Gruppe von plein-air-Skizzen, welche der Maler oft mit Datum, Uhrzeit und Angaben zur Wettersituation versah: Der Vergleich mit historischen Wetterberichten belegt, wie exakt diese Ölstudien auf Papier die den Berichten entsprechenden Wolkenformationen festhalten. »Ich bin der Mann der Wolken«, schrieb der Maler von sich; in seinem Werk fanden aktuelle Wissenschaft und zeitgenössische Kunst zusammen, wobei er sich der wissenschaftlichen Erkenntnisse bediente und immer fortschrittlichster Künstler blieb.

Bereits als Knabe, so berichtet William Turner, habe er auf dem Rücken liegend stundenlang den Wolken zugeschaut, danach habe er sie zu Hause gemalt. Ein umfangreiches »Skies-Sketchbook« ist

John Constable (1776–1837)
London vom Fenster aus gesehen, Hampstead, 1832,
Bleistift, Aquarell, British Museum, London

John Constable (1776–1837)
Hohe Wolken, 1821, Öl auf Papier, Privatsammlung

auf 1818 datiert, ab den 1820er Jahren aber löste sich Turner immer mehr vom Naturbild. Er war zeitlebens fasziniert von atmosphärischen Erscheinungen und vom Wechsel der Wetterstimmungen, aber es ging ihm immer weniger um die gegenständliche Abbildung gewisser Wolkenformationen, typischer Wolkengestalten oder meteorologischer Situationen, vielmehr suchte er die kosmische Energie zu visualisieren, die hinter dem ständigen Wechsel dieser Gestalt wirkt. Er suchte, atmosphärische Phänomene rein aus Licht und Farbe heraus Bild werden zu lassen, nicht die einzelnen Phänomene abzubilden. Zentrales Thema seiner Malerei, in der immer mehr alles Lineare aufgehoben erscheint, ist das Licht, dem sich zunehmend auch die Farbe unterordnet. Turner ging von sehr genauer Naturbeobachtung aus, kam aber zu ungemein modern und abstrakt wirkenden Werken, die über die Abbildung des einzelnen Phänomens hinausgehen und dem, was mit dem »Wesen« der Wolke oder atmosphärischen Energien, was mit Schaffenskraft der Natur umschrieben werden könnte, näher kommen. Damit wurde er zu einem Vorläufer sowohl des Impressionismus als auch der modernen abstrakten Kunst.

Luke Howard und Goethe haben selbst Wolken gezeichnet, beide aber suchten und beauftragten Künstler, die ihnen Bilder typischer Wolkenformationen liefern sollten. Goethe empfahl Howards Wolkenklassifikation diversen Malern, so etwa den Dresdner Romantikern Carl Gustav Carus und Johan Christian Dahl, und er fand in Friedrich Preller einen jungen Malschüler, der ihm gewissermaßen einen Wolkenatlas zeichnete. Keinen Erfolg aber hatte Goethe bei Caspar David Friedrich, der doch als einer der wichtigsten Wol-

William Turner (1775–1851)
Fischmarkt am Strand, um 1840, Bleistift, Aquarell, Deckfarben, Privatsammlung

William Turner (1775–1851)
Schwere, dunkle Wolken, um 1822, Gouache, Aquarell, Tate Gallery, London

kenmaler zu gelten hat. Friedrich gab Goethe recht eigentlich einen Korb, die Erklärung seiner Ablehnung der Bitte nach typischen Wolkenbildern aber ist für das Sujet und für das, was mit dessen flüchtigem Charakter assoziiert wird, außerordentlich aufschlussreich: Goethe wollte von Friedrich Illustrationen zu einem Aufsatz über Howard, Friedrich lehnte ab, weil ein solches Unterfangen »das gesamte Fundament der Landschaftsmalerei untergraben« würde, und er fand den Versuch, »die freien und luftigen Wolken in eine strenge Ordnung und Klassifikation zu zwingen«, grundsätzlich falsch, da dem Wesen des Gegenstandes nicht entsprechend respektive widersprechend. In Friedrichs Bildern sehen wir immer wieder, wie vom Rücken gesehene Betrachter das erhabene Theater und das unendlich freie Spiel der Wolken am grenzenlosen Himmel beobach-

ten. Wir, die Bildbetrachter, stehen hinter diesen Betrachtern und beobachten mit ihnen diese Sinnbilder unendlicher Freiheit.

Ähnlich wie in England die Wolken-Aquarelle Turners die heroische Phase der Wolkenmalerei mit einem letzten Höhepunkt abschließen und sie überwinden, begründet gleichzeitig Carl Blechen mit seinen großartigen Ölstudien die Tradition der europäischen Wolkenmode. Blechen reiste 1828 nach Italien, dort begegnete der eine Generation jüngere Maler Turners Werk und beschäftigte sich damit. Obwohl die ungemein freien, abstrakt und modern wirkenden Ölskizzen Blechens nie mit den Aquarellen Turners verwechselt werden könnten, so sind sie doch aus einem vergleichbaren Antrieb entstanden. Auch Blechen ging von der Wolken- und Natur-

Carl Blechen (1798–1840)
Blau-violetter Wolkenstrich, um 1829, Öl auf Papier,
Staatliche Museen zu Berlin, Kupferstichkabinett

beobachtung aus, aber auch er löste sich vom empiristischen Ansatz der romantischen Wolkenmalerei. Wie Turner fand auch er über das Studium der Wolken zu großer malerischer Freiheit. Dabei scheint Turner in seinen Aquarellen, so modern sie auf unser Auge wirken mögen, dem Wesen der Natur näher, während Blechens ebenso kleinformatige wie monumental wirkende Malereien sich stärker dem anzunähern scheinen, was man später mit absoluter oder autonomer (abstrakter) Malerei umschreiben wird. So schließt die klassische Wolkenmalerei mit zwei Höhepunkten, die ungemein modern wirken – oder, vielleicht präziser – mit zwei Werkgruppen, die in ihrer Erscheinung dem ganz nahe kommen, was später, nach der Wende zum 20. Jahrhundert, als das Modernste und Freieste gilt, was der Malerei erreichbar schien.

Blechen starb 1840, Turner 1851: Mit ihren Beiträgen war die »Entdeckung der Wolke« für und durch die Malerei abgeschlossen. Auf den ersten Blick könnte bei dieser Behauptung überraschen, dass wir bei den Impressionisten kaum Wolkenskizzen finden, dass das flüchtige Sujet für sie nicht von Interesse war. Auf die Gründe dafür kann hier nicht eingegangen werden. In jener Epoche aber begann der Siegeszug der Fotografie: mit ihr veränderte sich die Situation kategorial; sie steht am Schluss der Entdeckung des Himmels, aber sie spielt eine wichtige Rolle am Übergang von der Entdeckung zur Erfindung des Himmels.

Hundert Jahre nach Luke Howard stützten sich die Meteorologen für ihr Anschauungsmaterial nicht mehr auf die Bildwerke und Illustrationen der Maler, die Fotografie lieferte ihnen für ihre

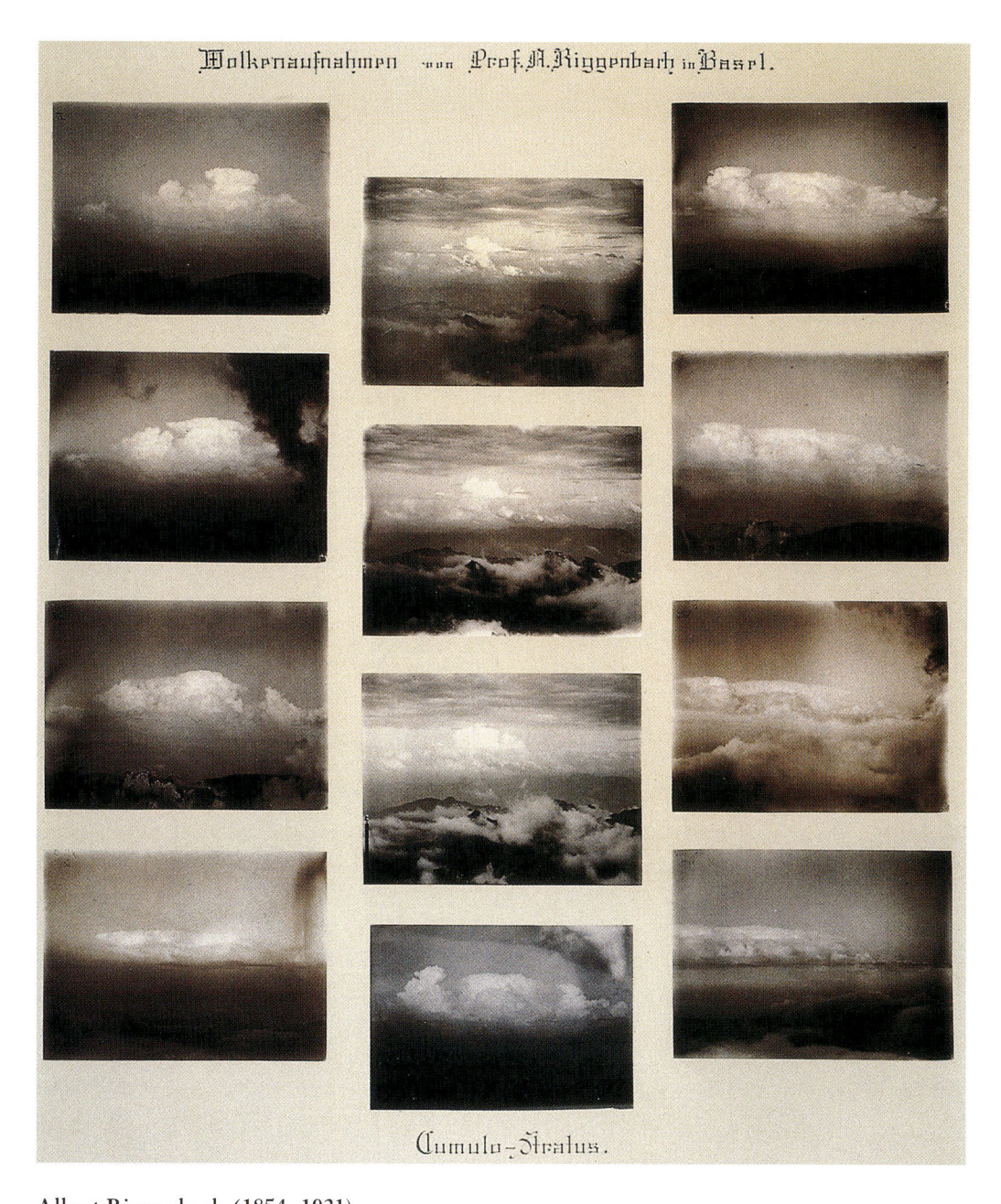

Albert Riggenbach (1854–1921)
Wolkenaufnahme, Cumulo-Stratus, um 1900, Auskopierpapier, Zürich, Schweizerisches Landesmuseum, Sammlung Herzog

Ferdinand Hodler (1853–1918)
Der Niesen vom Heustrich aus, 1910, Öl auf Leinwand, Aargauer Kunsthaus Aarau

Piet Mondrian (1872–1944)
Die rote Wolke, 1907, Öl auf Karton, Gemeentemuseum, Den Haag

Zwecke die exakteren Bilder. Hinzu kam die Luftfahrt, welche die Möglichkeiten für die Gewinnung von Wolkenbildern massiv und kategorial erweiterte. Damit wurde gleichzeitig der Maler von seinem Auftrag, illustrative Bilder zu liefern, definitiv entlassen und befreit. Der Wolkenatlas aus der Zeit um 1900 bestand aus fotografischen Bildern, gleichzeitig konnte ein Maler wie Hodler, so genau er sie auch studiert haben mag, mit den Wolken wie ein Choreograf umgehen und sie für seine bildnerischen Aussagen einer kosmischen Harmonie nutzen. Nach den Vorläufern Turner und Blechen spielt die Wolke beim tatsächlichen Beginn der Moderne um und nach 1900 noch einmal eine ganz wichtige, aber völlig veränderte Rolle, und zwar bei so verschiedenen Malern wie Giovanni Segantini, Ferdinand Hodler, Piet Mondrian oder Emil Nolde. Über Turner, Blechen und Nolde ließe sich auf formaler Ebene eine Genealogie entwickeln bis hin zu einem abstrakten Expressionismus, bis hin zu Sam Francis und Mark Rothko und Gotthard Graubner, und darüber hinaus zu Gerhard Richter, in dessen motivischem und stilistischem Repertoire wir der Wolke immer wieder begegnen. Steht hier die Wolke vielfach für ein Element oder Bild der Erhabenheit, steht sie in einer anderen Linie als Metapher für das schwer Definier- und Fassbare, für das per se Freie (wir erinnern uns an die Haltung Friedrichs), wohl auch für die Freiheit der Kunst. So bei Jean Arp, der sich auch als Hüter der Wolken bezeichnet hat, so bei Alexander Calder, der sie in freien, sich bei jedem Windhauch verändernden Konstellationen unter die Decke gehängt hat. Wir finden sie aber nicht nur bei diesen auf einer organisch abstrakten Ebene agierenden Surrealisten, sondern ebenso

René Magritte (1898–1967)
Avenir des statues, um 1932, Öl auf
Gips (Abgussmaske), Stiftung Wilhelm
Lehmbruck Museum, Duisburg

Joseph Beuys (1921–1986)
was birgt die Wolke?, 1981, Farboffset auf Zeitungspapier,
Hg. *Press-art*, Magazin der *Basler Zeitung*, Basel

bei inhaltlich argumentierenden Vertretern einer surrealistischen Strömung, bei Meret Oppenheim etwa, deren Wolken schon mal auf einer Brücke eingeschlafen sein können. Das beste Beispiel aber vielleicht für den Paradigmenwechsel, der von der Entdeckung der Wolke und des Himmels im 19. Jahrhundert zur Erfindung des Himmels im 20. stattgefunden hat, liefert René Magritte: Zeigte uns Friedrich zwei Männer, welche die Wolken am Himmel betrachten, so präsentiert uns Magritte um 120 Jahre später mit »Avenir des statues« die Gipsmaske eines in sich versunkenen Mannes mit geschlossenen Augen, dessen himmelblaugrundiges Gesicht mit weißen Wolken bemalt ist, auf dessen Haut Wolken projiziert erscheinen.

Wolken als Bilder der Erhabenheit, als Metaphern ebenso, auch im unendlich weiten und pluralistischen Feld der Kunst der Gegenwart: in der Malerei, in Objekten, in Fotografien, in virtuellen Bildern, in und als Installationen, in der Architektur ebenso wie in Klangwolken in der Musik. Der Reiz der Wolke, deren Bild sich ständig verändert, deren Erscheinung sich noch immer nicht fassen lassen will (auch in Situationen, da ihr Bild am Himmel durch Kondensstreifen oder durch künstliche Wolken aus Kühltürmen ständig kontaminiert wird), ist ungebrochen. Die Methoden der Meteorologie haben sich unendlich verfeinert, noch immer aber brauchen wir Howards Begriffe und noch immer genügt ein Lufthauch, das Bild der Wolke zu verändern. Noch immer bietet uns die Wolke nach einem Augenblick ständig sich verändernde Bilder und Erscheinungen, und immer und immer wieder stellt sich die Frage: was birgt die Wolke?

CUMULUS HUMILIS

Bedeutung: »Niedrige Haufenwolke«. Es gibt sonnige Tage, an denen die Atmosphäre trocken und auch in höheren Luftschichten verhältnismäßig warm ist. Dann reicht die vom Boden aufsteigende Thermik nicht allzu hoch in die Atmosphäre und die durch sie gebildeten Quellwolken verharren im Stadium einer flachen Haufenwolke, deren horizontale Erstreckung größer ist als die vertikale.

Dieses Foto zeigt die typische Schönwetterwolke, deren Basis grau und die Sonnenseite wie auch die sonnendurchfluteten, dünnen Ränder grellweiß sind. Mit nachlassender Sonnenkraft und Thermik am Abend löst sich die Wolke rasch wieder auf.

Wenn der Äther, Wolken tragend,
Mit dem klaren Tage streitet,
Und ein Ostwind, sie verjagend,
Blaue Sonnenbahn bereitet,

Dankst du dann, am Blick dich weidend,
Reiner Brust der Großen, Holden,
Wird die Sonne, rötlich scheidend,
Rings den Horizont vergolden.

JOHANN WOLFGANG VON GOETHE
aus: Dornburg, September 1828

Hamlet: Seht Ihr die Wolke dort,
beinah in Gestalt eines Kamels?
Plonius: Beim Himmel, sie sieht auch
wirklich aus wie ein Kamel.
Hamlet: Mich dünkt, sie sieht aus wie
ein Wiesel.
Polonius: Sie hat einen Rücken wie
ein Wiesel.
Hamlet: Oder wie ein Walfisch?
Polonius: Ganz wie ein Walfisch.

WILLIAM SHAKESPEARE
aus: Hamlet

JOHANN WOLFGANG VON GOETHE (1749–1832)
  *links: Schönwettergewölk, Bleistift, blau und violett aquarelliert, Goethe-Nationalmuseum, Weimar
  rechts: Schönwettergewölk, Winter/Frühjahr 1788, Bleistift, blau und violett aquarelliert, Goethe-Nationalmuseum, Weimar*

»*Goethe in Weimar (glaube ich), einer ihrer berühmtesten Dichter, hat eine wunderbare Neigung, das Lob Deiner Theorie von den Wolken zu singen — Huttner scheint sein bescheidener Freund zu sein.*«
William Allen, aus einem Brief an Luke Howard, 1822

JOHANN WOLFGANG VON GOETHE (1749–1832)
>   links: Schönwettergewölk, Bleistift, Aquarell, Goethe-Nationalmuseum, Weimar
>   rechts: Schönwettergewölk, Pinselzeichnung mit blauer Aquarellfarbe,
>   Goethe-Nationalmuseum, Weimar

»Mr. De Goethe, einer der Minister des Großherzogs von Sachsen-Weimar, besser bekannt als
Dichter und Philosoph, ist so erfreut über Ihre Theorie, daß er im vergangenen Sommer einige
elegante Verse zu Ihrer Empfehlung veröffentlichte.«
John Christian Huttner, aus einem Brief an Luke Howard im Auftrag Goethes, 1821

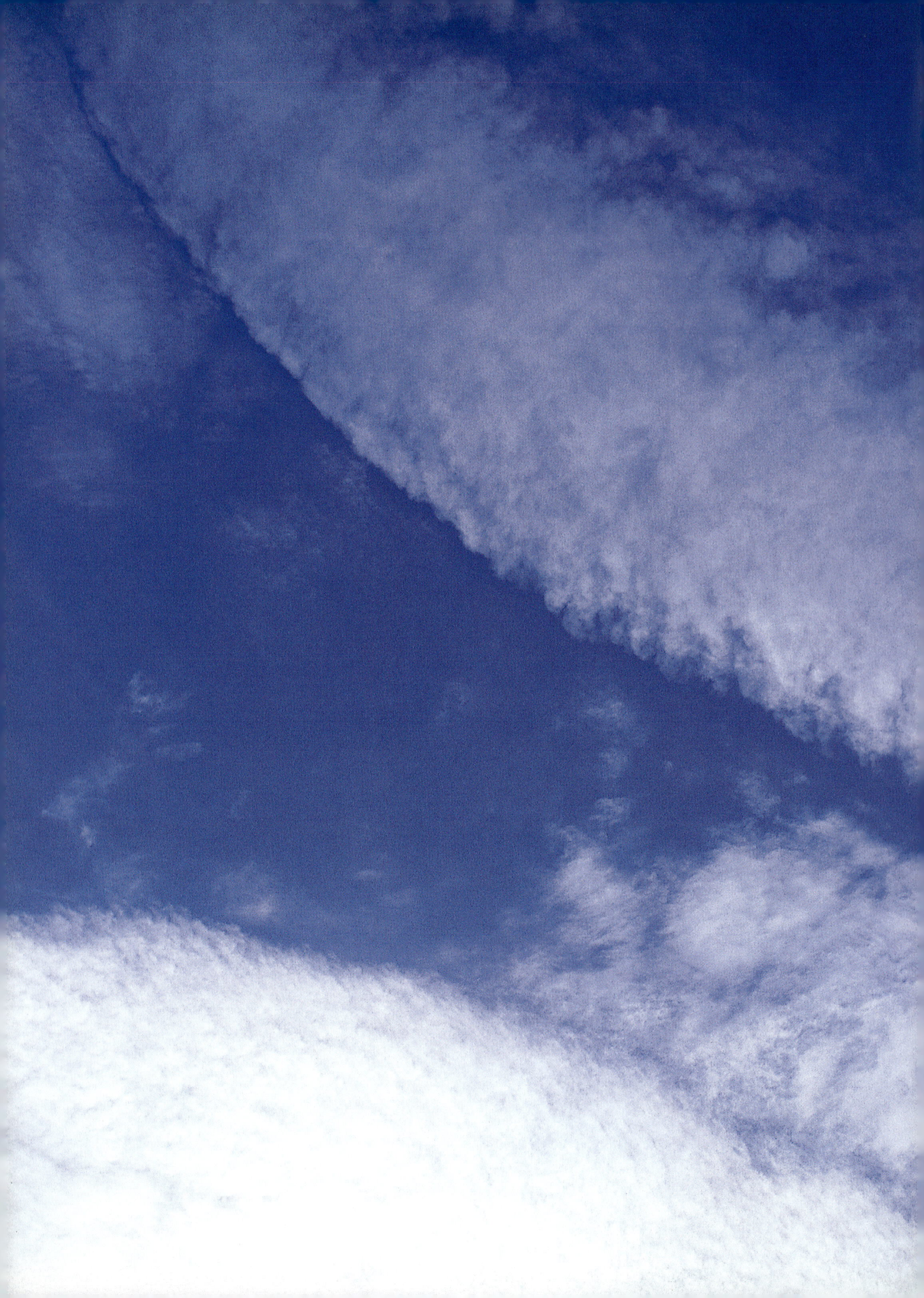

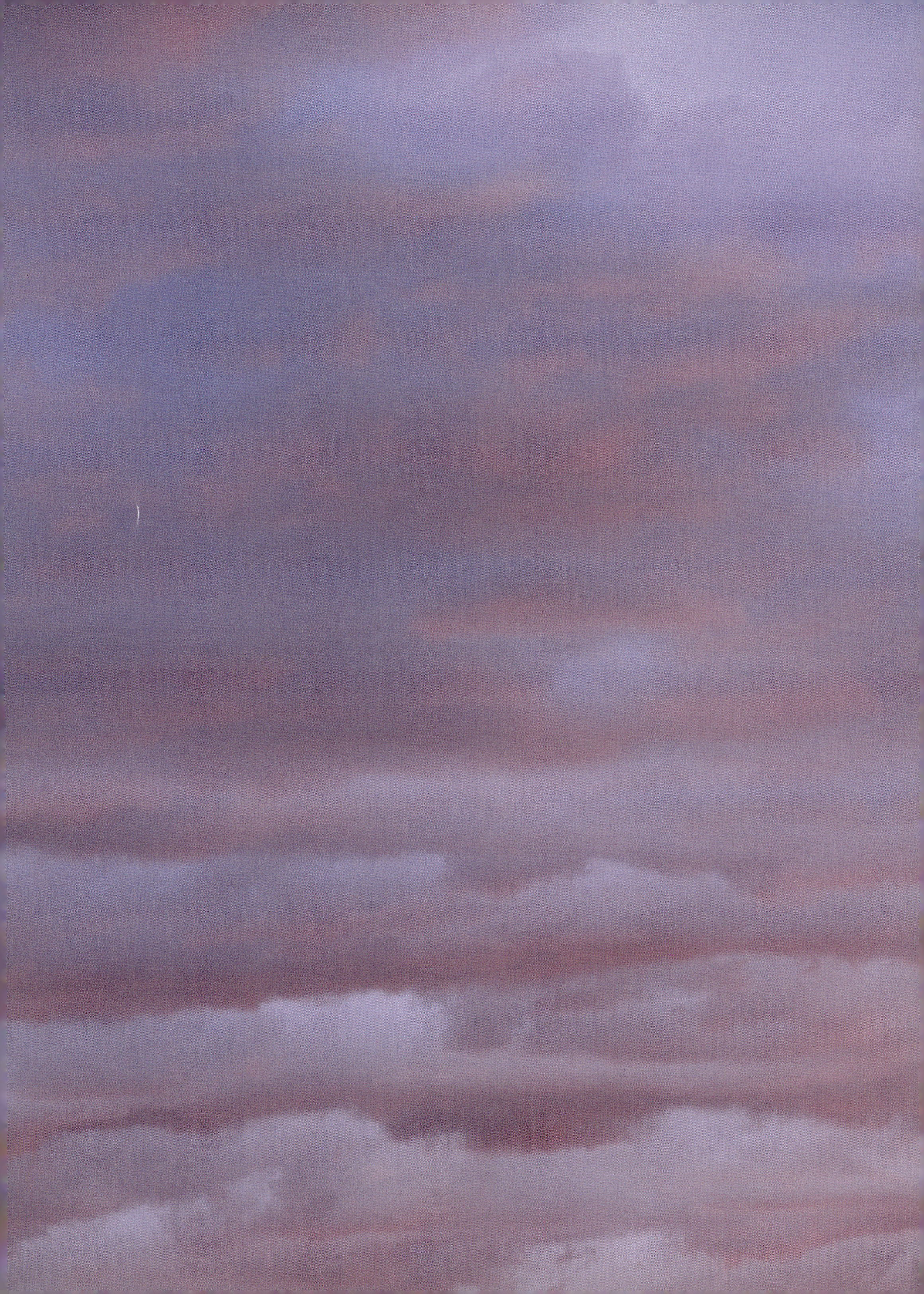

Ich denke mir die Erde mit ihrem Dunstkreise gleichnisweise als ein großes lebendiges Wesen, das im ewigen Ein- und Ausatmen begriffen ist. Atmet die Erde ein, so zieht sie den Dunstkreis an sich, so daß er in der Nähe ihrer Oberfläche herankommt und sich verdichtet bis zu Wolken und Regen. Diesen Zustand nenne ich die Wasser-Bejahung; dauerte er über alle Ordnung fort, so würde er die Erde ersäufen. Dies aber gibt sie nicht zu; sie atmet wieder aus und entläßt die Wasserdünste nach oben, wo sie sich in den ganzen Raum der hohen Atmosphäre ausbreiten und sich dergestalt verdünnen, daß nicht allein die Sonne glänzend durchgeht, sondern auch sogar die ewige Finsternis des unendlichen Raumes als frisches Blau herdurch gesehen wird.

JOHANN PETER ECKERMANN
aus einem Gespräch mit Goethe, 1827

BERTHOLD STUHR (1907–1982)
Papiertheater, um 1913, Holz, Pappe, bemalt, Papier, Pergamentpapier, Stoffvorhang, Althonaer Museum, Hamburg

ALTOCUMULUS FLOCCUS

Bedeutung: »Hohe Haufenwolke in geflockter Form«. Die klassischen Schäfchenwolken bestehen aus einem regelmäßig strukturierten Mosaik aus weißen Wolkenballen mit klaren, einheitlich geformten Rundungen. Wenn aber die Aufwinde stärker werden, verliert der bisher wohlgeordnete Verband der Schäfchenwolken seinen Zusammenhalt – wie auf dieser Aufnahme festgehalten. Manche von ihnen lassen sich von den verstärkten Aufwinden in die Höhe führen, so dass sie nun kompakter sind und einen eigenen Schatten zu werfen beginnen. Dieser Wolkentyp kündet von kräftigen Schauern und Gewittern.

Wenn der Himmel gezupfter Wolle gleicht,
das schöne Wetter bald dem Regen weicht.

HERMANN HESSE, AUS: PETER CAMENZIND

Oh, die Wolken, die schönen, schwebenden, rastlosen! Ich war ein unwissendes Kind und liebte sie, schaute sie an und wußte nicht, daß auch ich als eine Wolke durchs Land gehen würde — wandernd, überall fremd, schwebend zwischen Zeit und Ewigkeit. Von Kinderzeiten her sind sie mir liebe Freundinnen und Schwestern gewesen. Ich kann nicht über die Gasse gehen, so nicken wir einander zu, grüßen uns und verweilen einen Augenblick Aug in Auge. Auch vergaß ich nicht, was ich damals von ihnen lernte: ihre Formen, ihre Farben, ihre Züge, ihre Spiele, Reigen, Tänze und Rasten und ihre seltsam irdisch-himmlischen Geschichten.

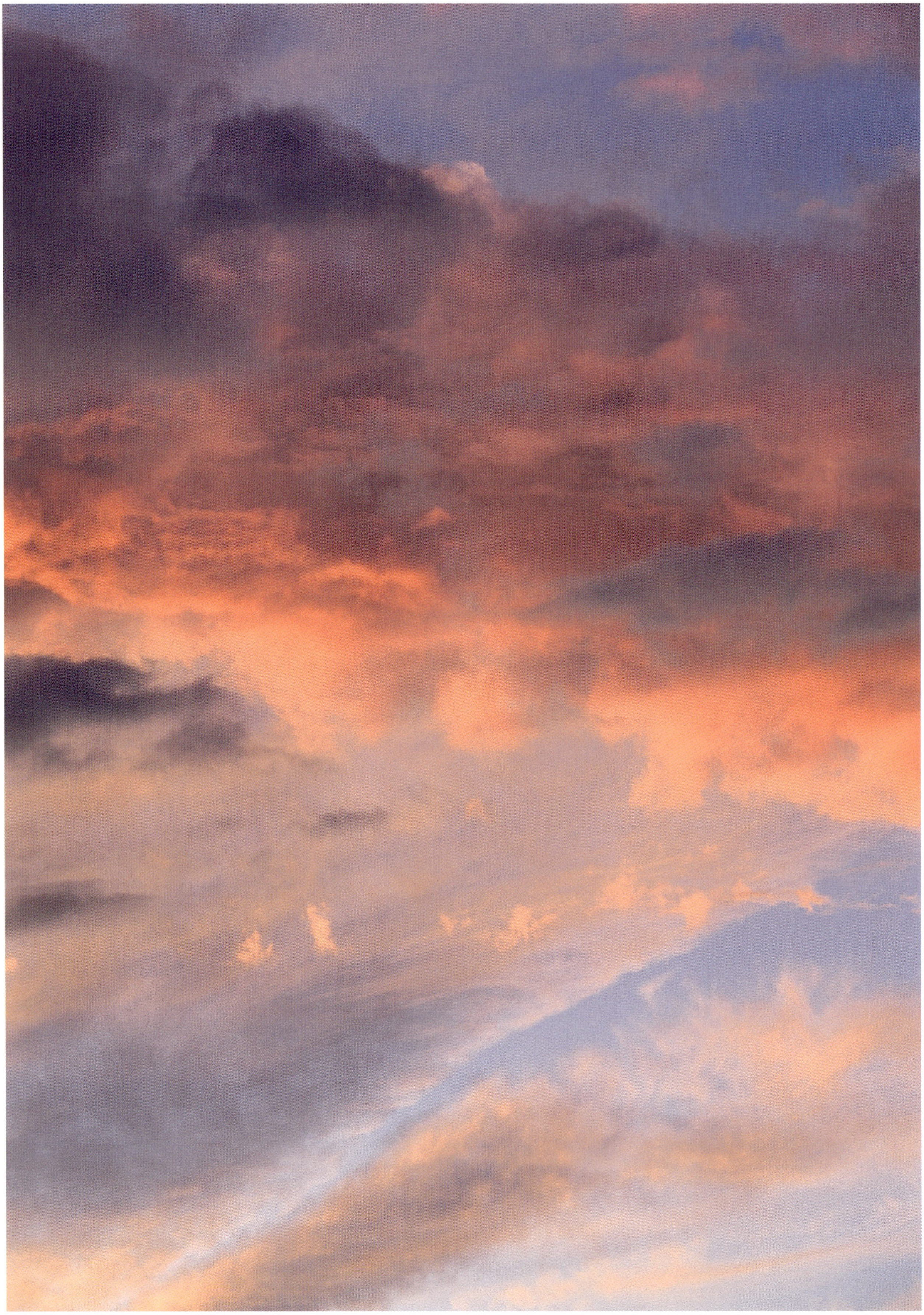

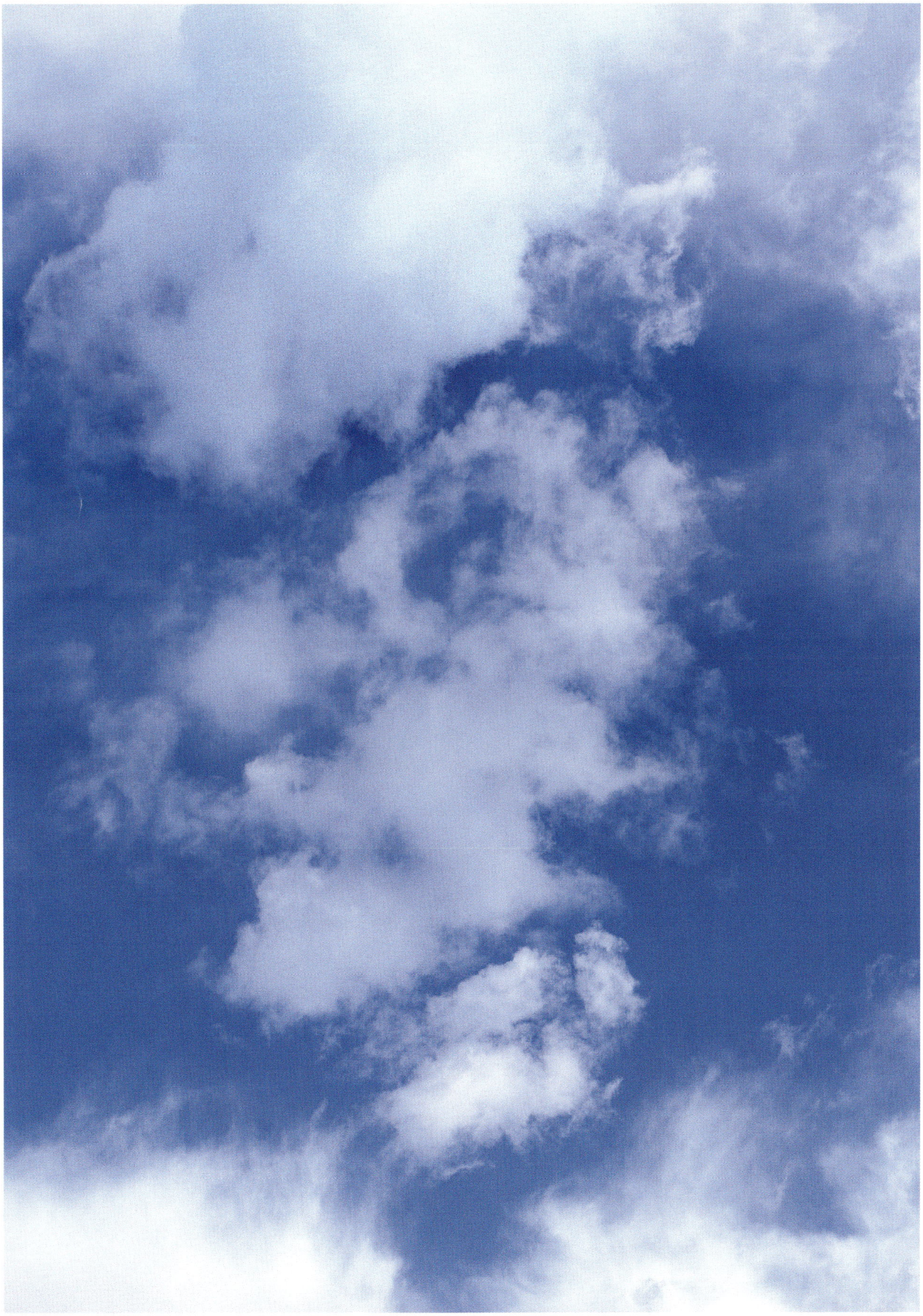

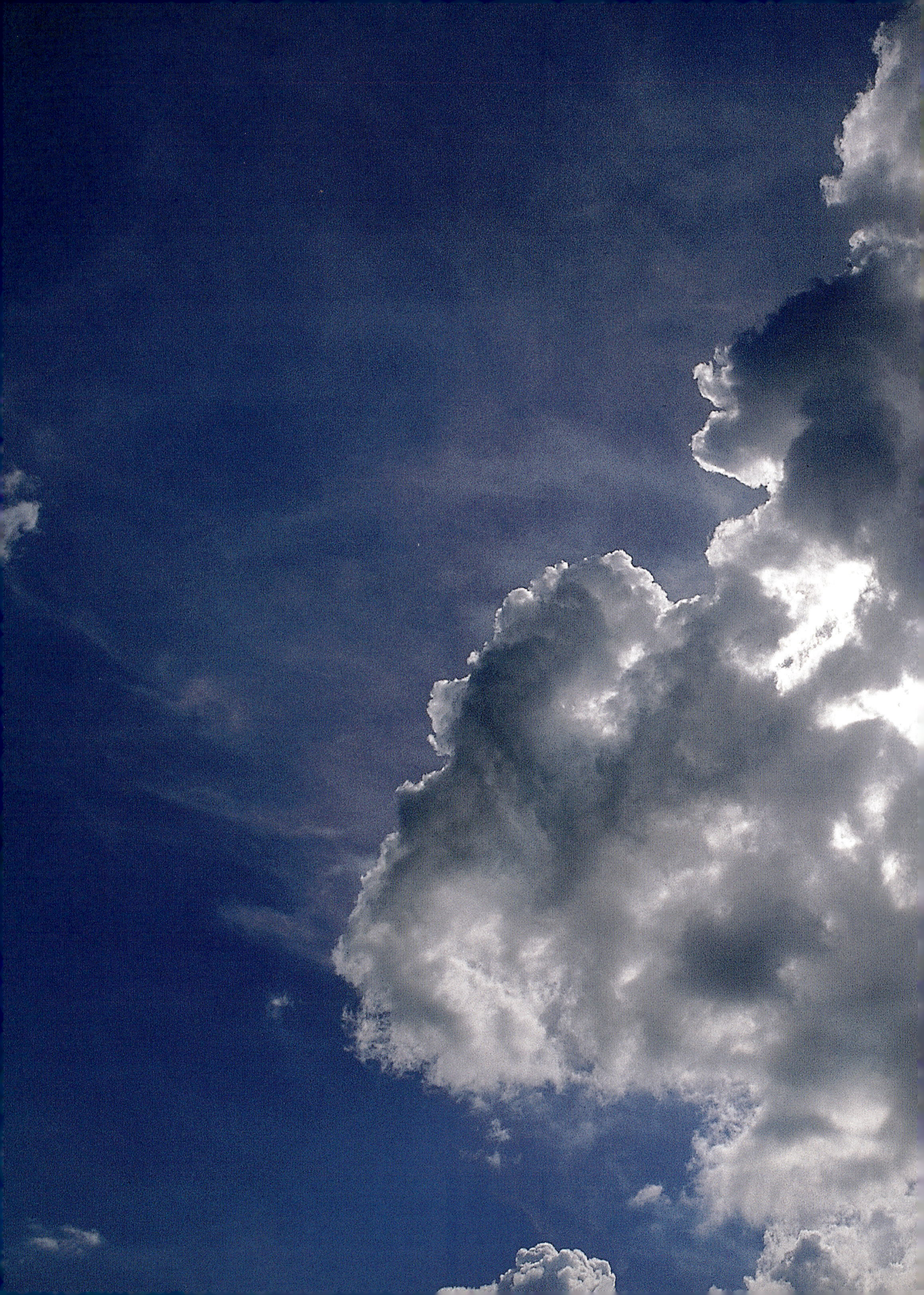

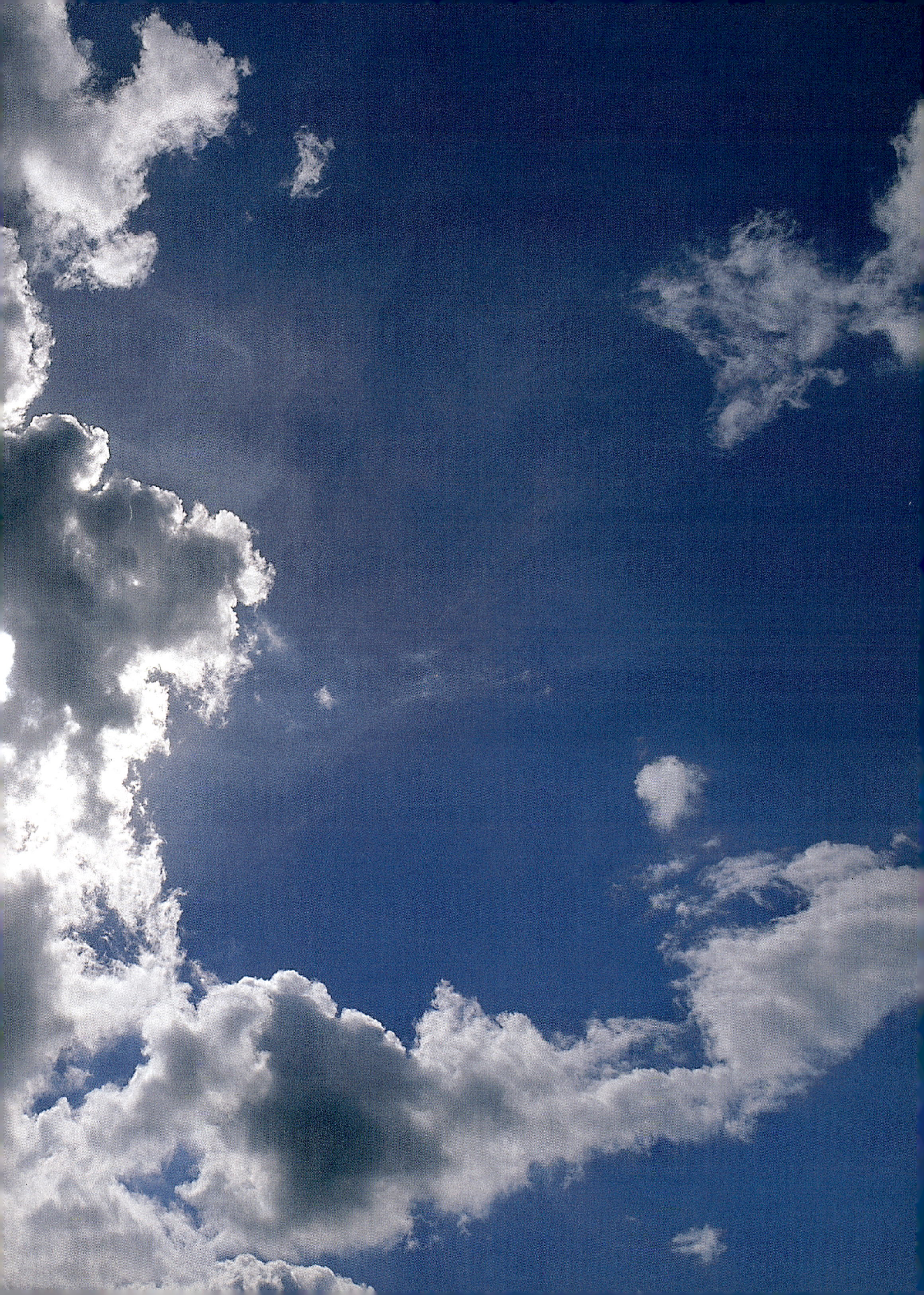

Aus roten Morgenwolken blüht
der blaue Tag in blasser Seligkeit…
Und über Raum und Zeit
erhebt sich mein Gemüt
zu dir.
O traure nicht!

CHRISTIAN MORGENSTERN
aus: O traure nicht!

Den Wolken wird vielleicht einstmals
eine besondere Verehrung gezollt werden;
als der einzigen sichtbaren Schranke,
die den Menschen vom unendlichen Raum trennt,
als der gnädige Vorhang vor der offenen
vierten Wand unserer Erdbühne.

CHRISTIAN MORGENSTERN
aus: Stufen

JOHANN HEINRICH SCHILBACH (1798–1851)
Gemälde oben links und oben rechts:
Wolkenstudie um 1830, Ölstudie auf stärkerem Papier,
Hessisches Landesmuseum, Darmstadt

CUMULUS CONGESTUS

Bedeutung: »Hoch reichende Haufenwolke«. Ab einer bestimmten Höhe kondensiert ein Teil der in der emporquellenden Luftmasse enthaltenen Feuchtigkeit: eine Quell- oder Haufenwolke entsteht. Auf dem Gemälde wie auch auf dem Foto erkennen wir die typischerweise wie mit einem Lineal gezogene horizontale Wolkenbasis und die blumenkohlförmigen Rundungen der Wolke. Ebenso charakteristisch sind die Helligkeitsunterschiede: die sonnenbeschienene Wolkenseite ist grellweiß, die Schattenpartie grau. In der massigen und hoch reichenden Form wie auf den Bildern kann sich die Wolke leicht zur Schauer- und Gewitterwolke weiterentwickeln.

An jenem Tag im blauen Mond September
Still unter einem jungen Pflaumenbaum
Da hielt ich sie, die stille bleiche Liebe
In meinem Arm wie einen holden Traum.
Und über uns im schönen Sommerhimmel
War eine Wolke, die ich lange sah
Sie war sehr weiß und ungeheuer oben
Und als ich aufsah, war sie nimmer da.

BERTOLT BRECHT
aus: Erinnerung an die Marie A.

ABENDROT

Bei sehr schrägem Lichteinfall haben die Sonnenstrahlen einen weiten Weg durch die Atmosphäre. Die blauen Lichtanteile werden dabei fast gänzlich herausgefiltert. Übrig bleiben die strahlungsphysikalisch »resistenten« Rottöne – in der Dämmerung ist die Sonne rot. Für ein besonders leuchtstarkes Abend- oder Morgenrot reicht die gerötete Atmosphäre allein nicht aus. Erst hohe Wolkenfelder, die das rote

Licht durch Streuung und Reflexion intensivieren, vermögen den Himmel in ein wahres Flammenmeer zu verwandeln. Hohe Wolkenfelder gehören meist zu Tiefausläufern. Gelingt es der Sonne am Abend, sie ungestört zu erreichen und zum Erglühen zu bringen, kann das nur bedeuten, dass der Himmel weiter im Westen wolkenlos ist. Da unser Wetter meist aus Westen kommt, gilt Abendrot in vielen Fällen zu Recht als Schönwetterzeichen. »Abendrot – Schönwetter-Bot'«, sagt der Volksmund.

JOHN CONSTABLE (1776–1837)
    *Acht von zwanzig Wolkenstudien nach Alexander Cozens, 1822, Bleistift, Horizontlinie
und Inschrift Feder, Courtauld Institute of Art, London*

»Du kannst ja gar nicht wolkig sein, denn ich bin der Mann der Wolken.«
John Constable

»Die Malerei ist eine Wissenschaft, eine Erforschung von Naturgesetzen und sollte als solche betrieben werden.«
John Constable

Aber die Wolken brauche ich nicht zu loben:
den beweglichen Flug
ihre faserigen Formlosigkeiten
oder
ihr dickes Aufgetürmtsein im
grellen Scheinwerferlicht eines Sommertages:
als irgendein bedeutendes Alswie.

Denkt an Regen, denkt an Schatten:
beides gegeben umsonst und
mit freundlichem Schweigen. Ich
lobe die Wolken.

GÜNTER KUNERT
aus: *Beziehung zu Wolken*

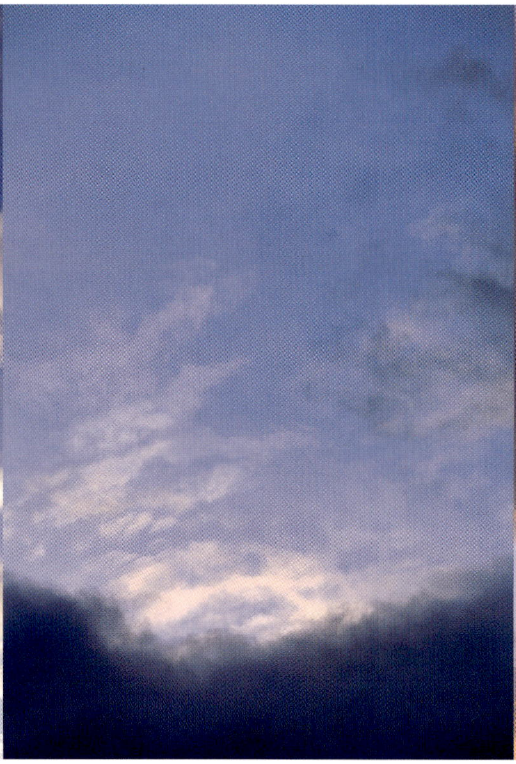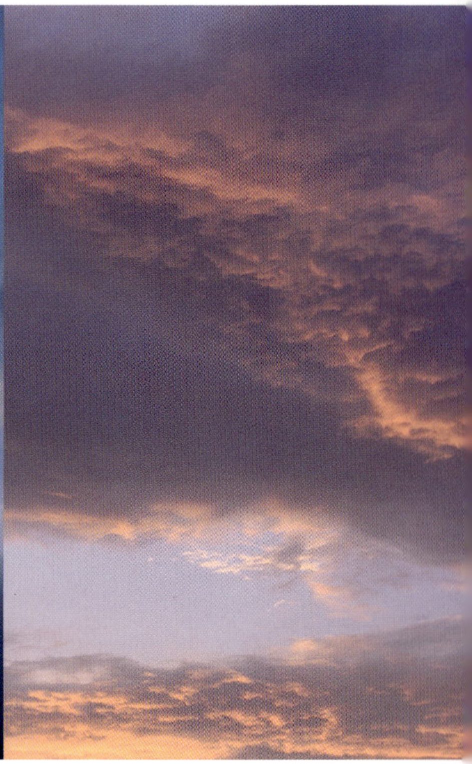

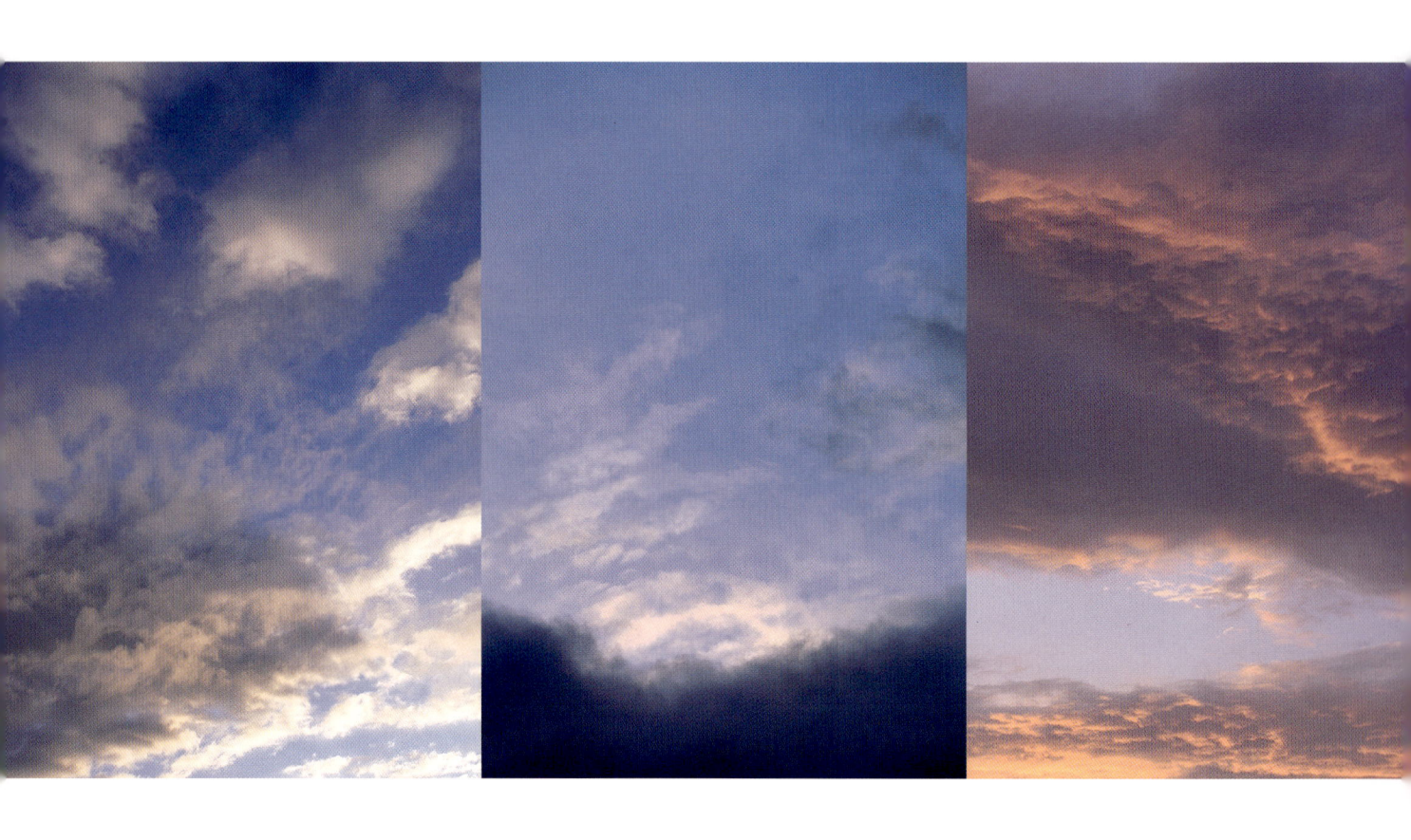

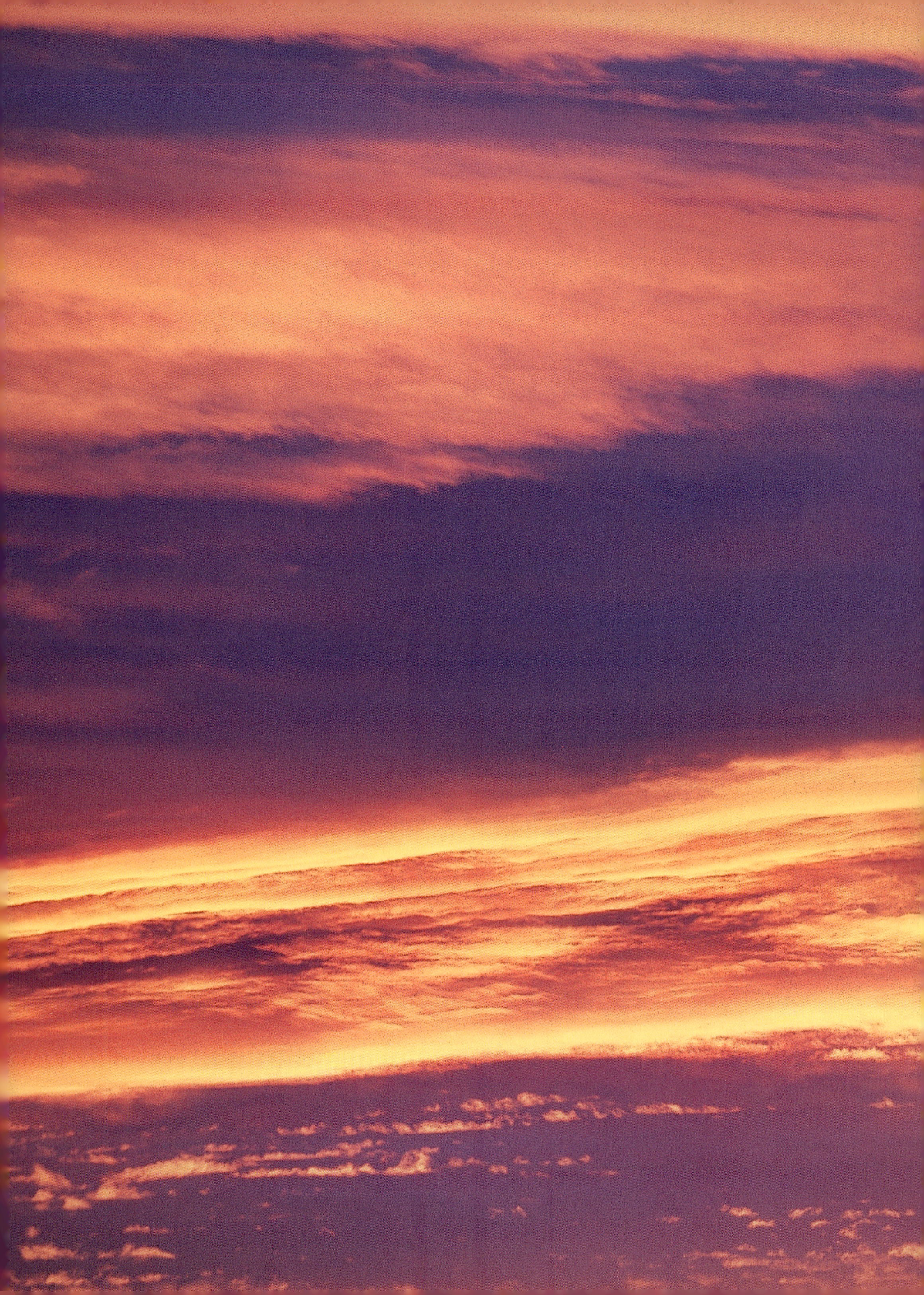

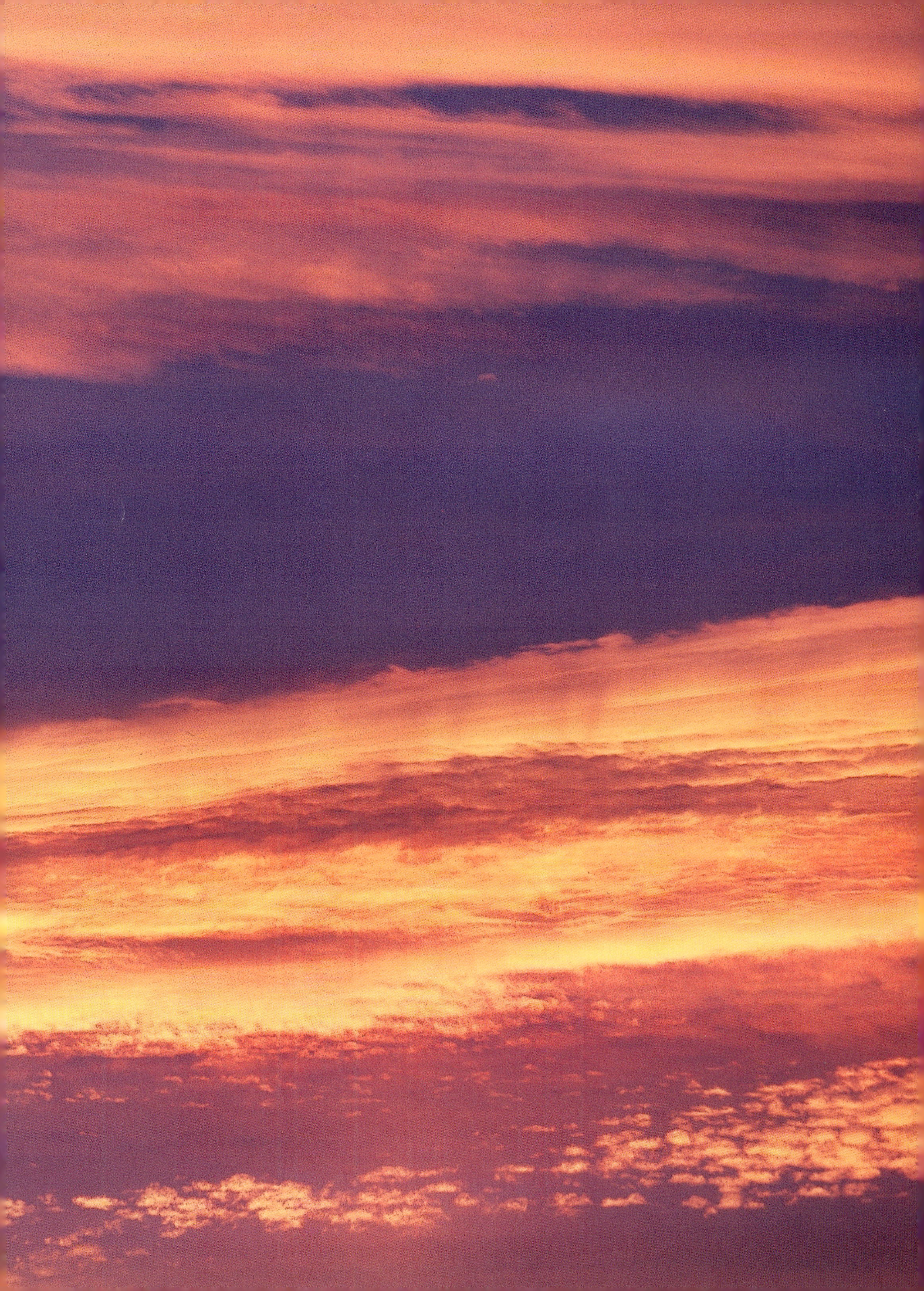

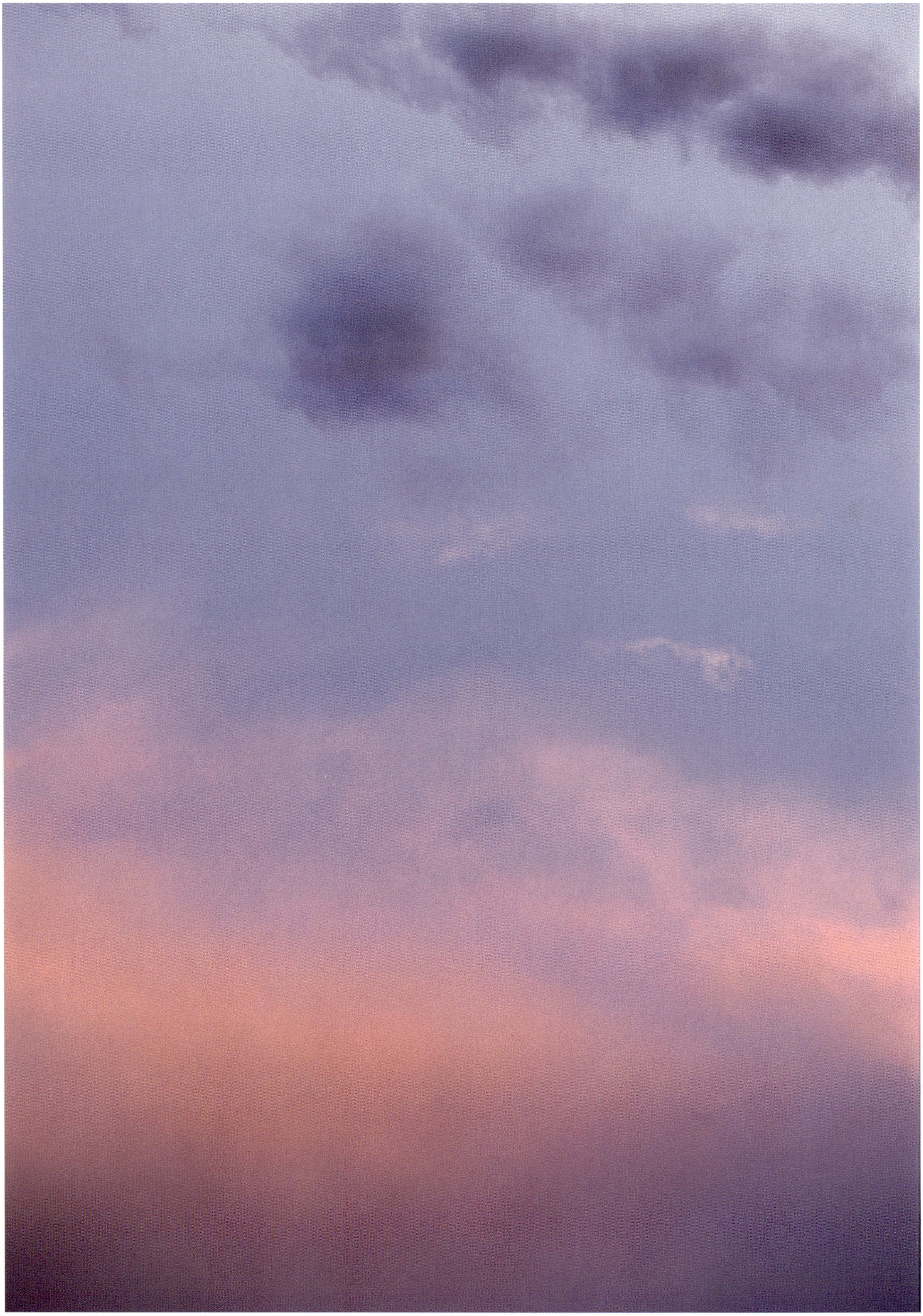

Eine schmale, weiße,
eine sanfte, leise
Wolke weht im Blauen hin.
Senke deinen Blick und fühle
selig sie mit weißer Kühle
dir durch blaue Träume ziehn.

HERMANN HESSE
aus: Leise Wolke

Meine Haare fliegen,
bin auf hellen Winden,
bin auf Flügelfüßen
in die Lüfte gestiegen.
Und mein Haupt steht golden
in den Abendwolken,
purpurn wanken die Dolden
meiner Liebesgedanken.

MAX DAUTHENDEY
aus: Meine Haare fliegen

ALTOCUMULUS CASTELLANUS

Bedeutung: »Hohe Haufenwolken in türmchenartiger Form«. Als ein regelmäßig strukturiertes Mosaik weißer Wolkenballen kennen wir die klassische Schicht aus Schäfchenwolken. Wenn aber die Aufwinde innerhalb dieser Wolken stärker werden, beginnen die kleinen Wolkenballen in die Höhe zu wachsen, so dass sie kleine Türmchen bilden, die Zinnen einer Burg ähneln. Wenn, wie auf dem Bild, die Sonne dicht über dem Horizont steht, setzen Dämmerungsfarben und Licht-Schatten-Kontraste weitere Akzente. Der Wolkenkenner weiß, wovon diese Wolkenart kündet, die vor allem im Sommer aufzutreten pflegt: Gewitter drohen innerhalb der nächsten Stunden.

OCTAVIO PAZ, AUS: WOLKEN

Inseln des Himmels,
Hauch in schwebendem Hauche —
leichten Fußes, der Luft vergleichbar,
einmal ihre Strände betreten,
ohne mehr Spuren zu hinterlassen
als der Schatten des Windes über dem Wasser!

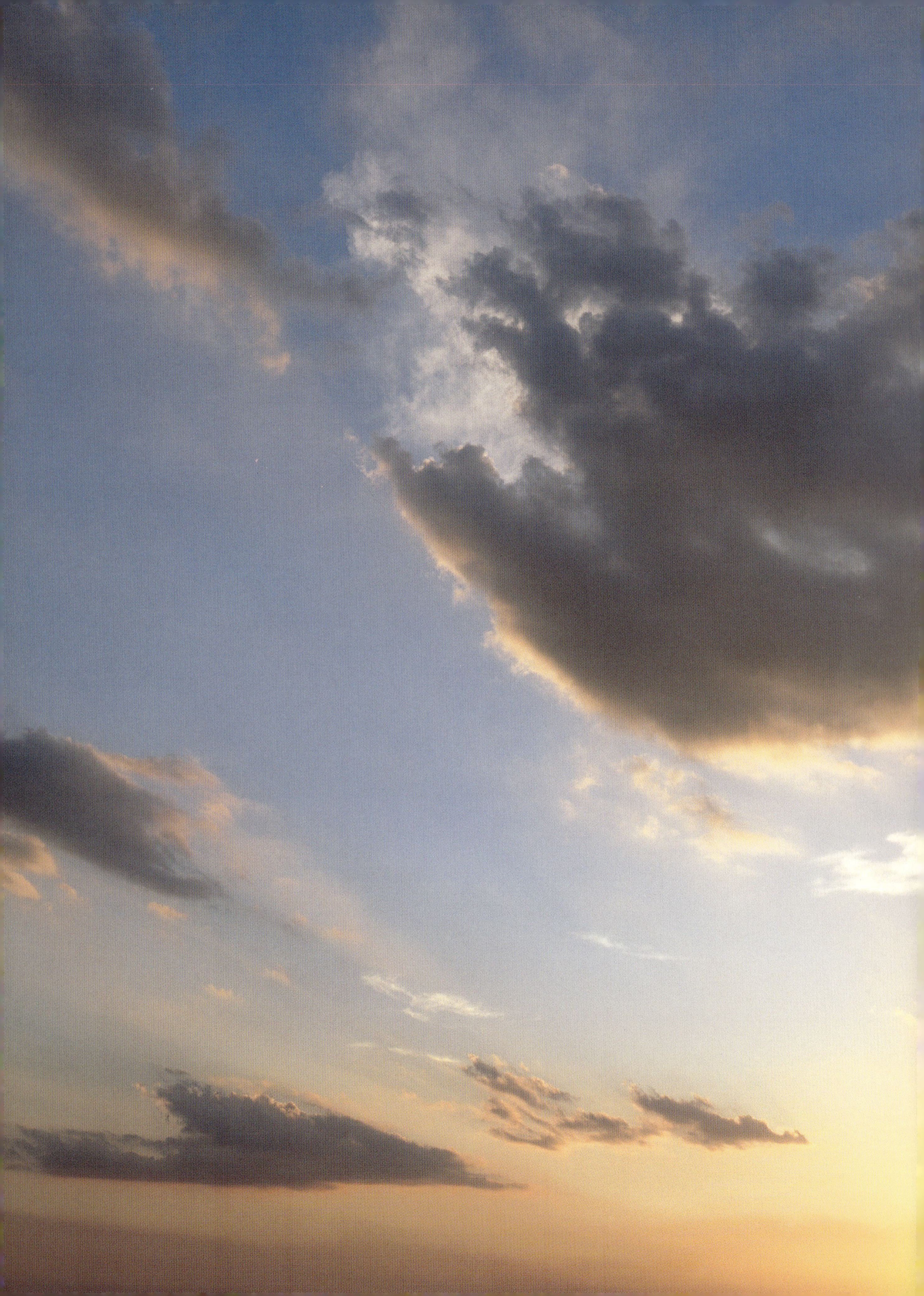

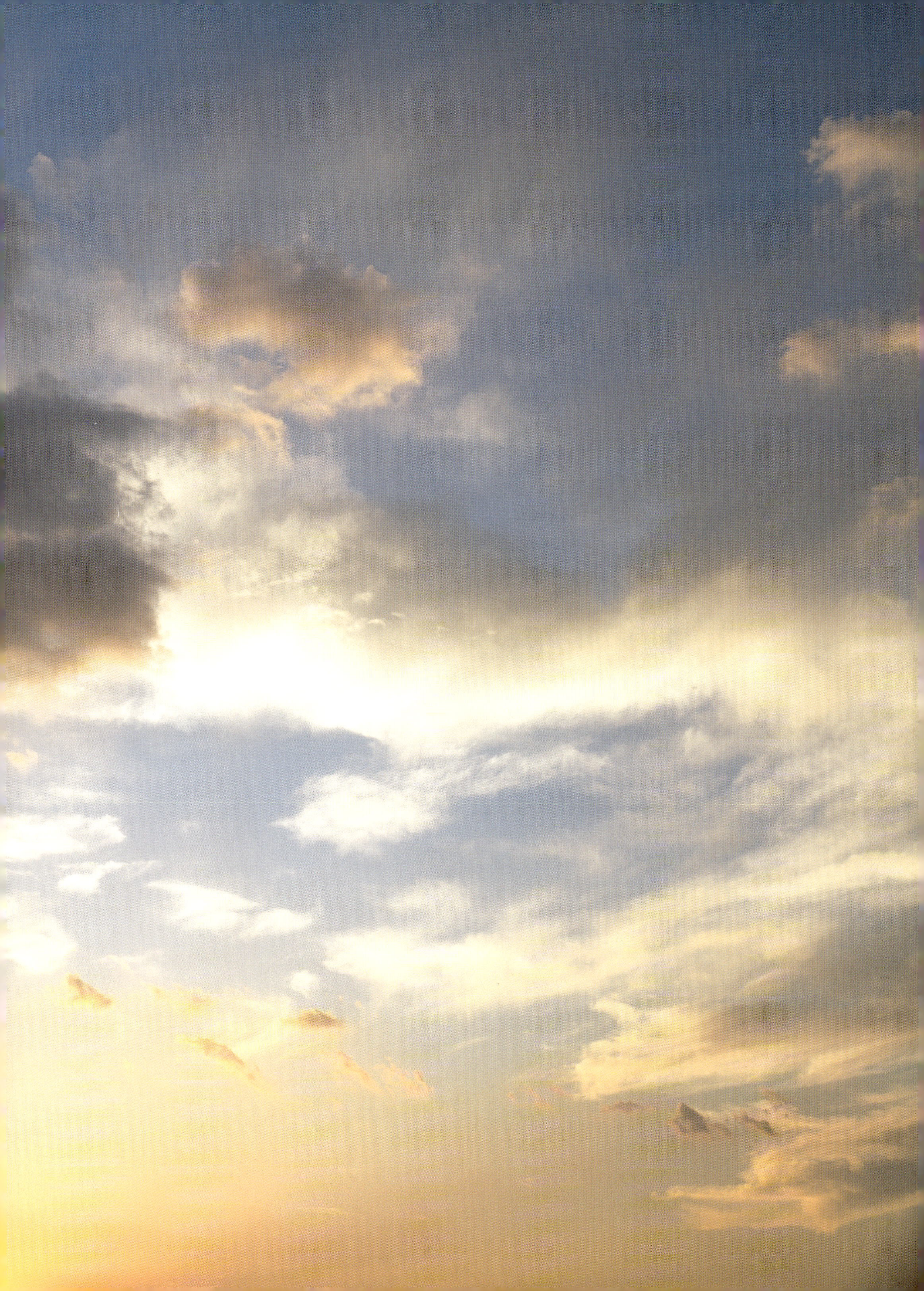

ADALBERT STIFTER (1805–1868)
Wolkenstudie, um 1840, Öl auf Papier, Österreichische Galerie Belvedere, Wien

JOHN STUART MILL, AUS: ÜBER DIE FREIHEIT
> *Die heftigste Ergriffenheit angesichts der Schönheit einer Wolke, die von der untergehenden Sonne beleuchtet wird, hindert mich nicht daran, mir darüber klar zu sein, daß die Wolke Wasserdampf und damit all den Gesetzen unterworfen ist, die für Dämpfe im Schwebezustand gelten.*

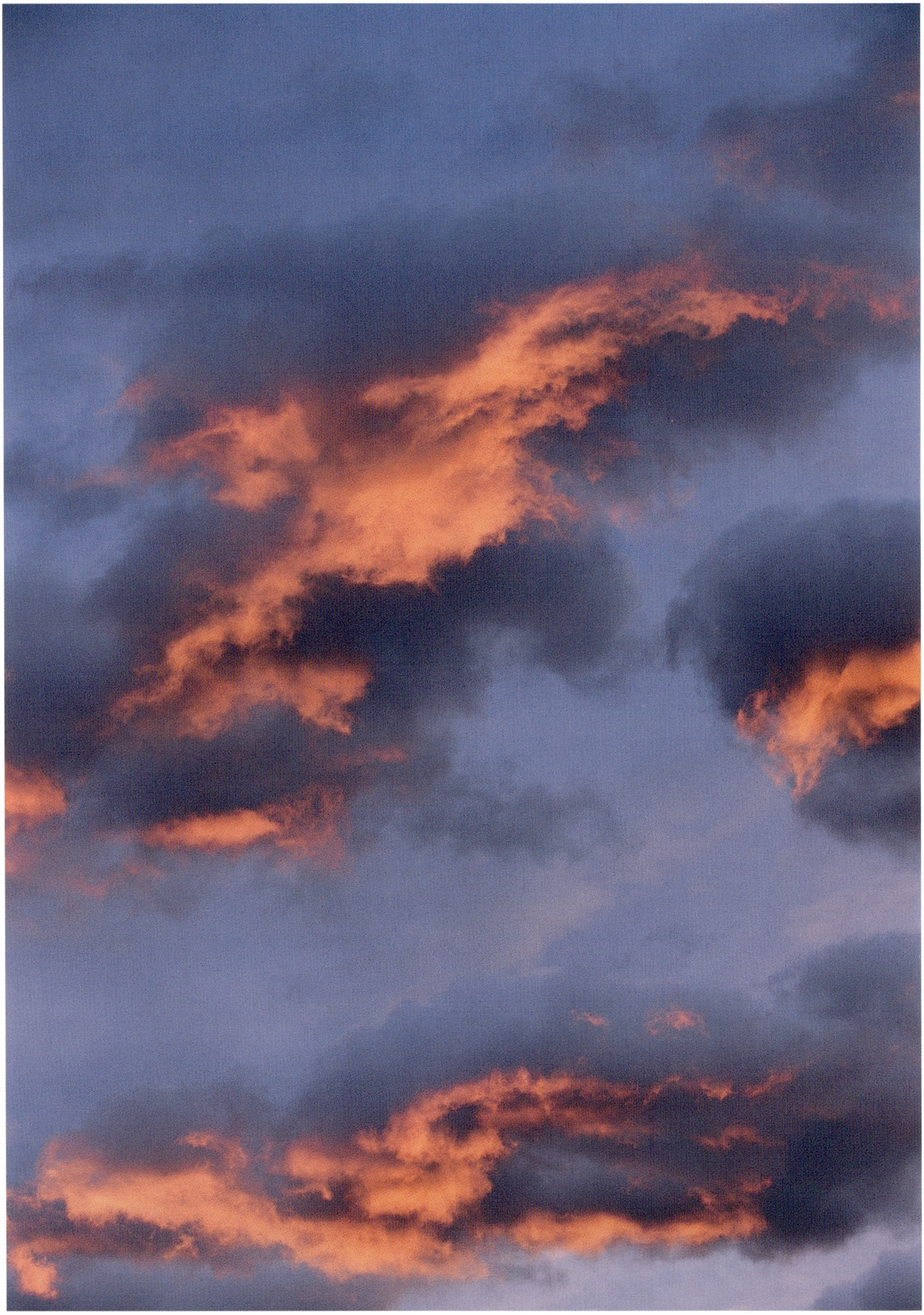

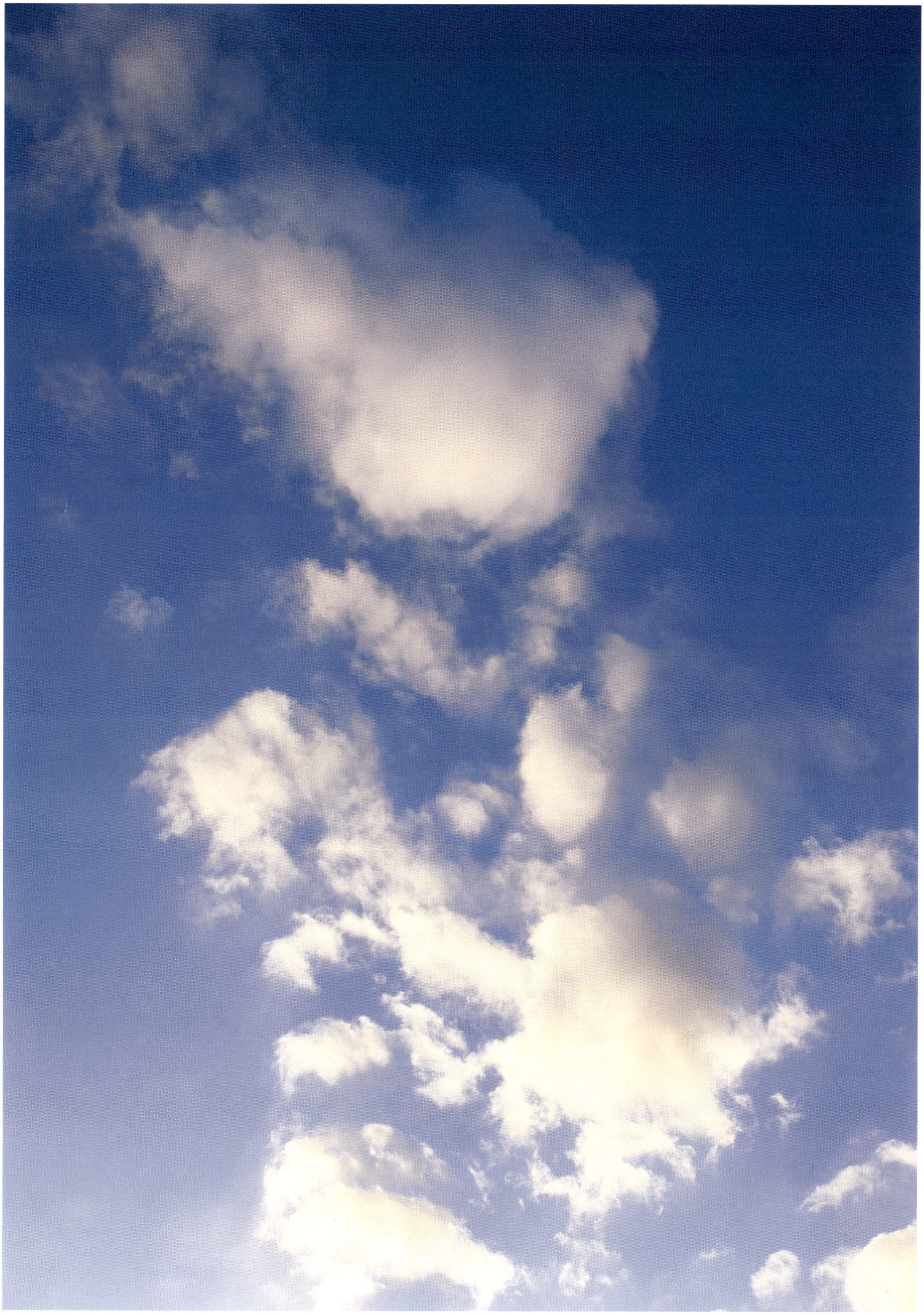

Gegen Streß, Kummer, Eifersucht, Depression
empfiehlt sich die Betrachtung der Wolken.
Mit ihren rotgoldenen Abendrändern
übertreffen sie Patinir und Tiepolo.
Die flüchtigsten aller Meisterwerke,
schwerer zu zählen als jede Rentierherde,
enden in keinem Museum.

Wolkenarchäologie – eine Wissenschaft
für die Engel. Ja, ohne die Wolken
stürbe alles, was lebt. Erfinder sind sie:
Kein Feuer ohne sie, kein elektrisches Licht.
Ja, es empfiehlt sich, bei Müdigkeit,
Wut und Verzweiflung, die Augen
gen Himmel zu wenden.

HANS MAGNUS ENZENSBERGER
aus: Die Geschichte der Wolken

JOHN CONSTABLE (1776–1837)
*Zwölf von insgesamt zwanzig Wolkenstudien nach Alexander Cozens, 1822, Bleistift,
Horizontlinie und Inschrift Feder, Courthauld Institute of Art, London*

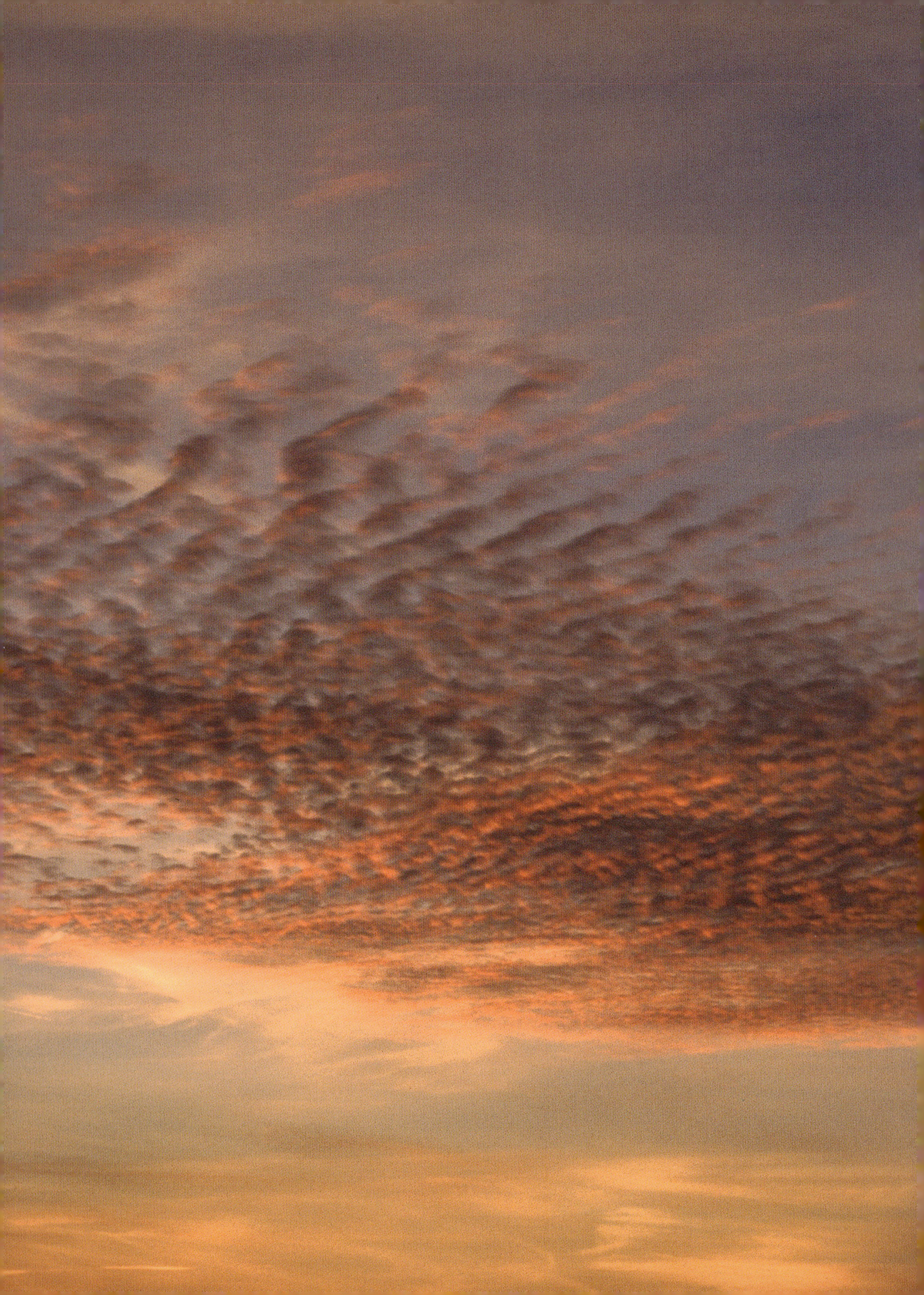

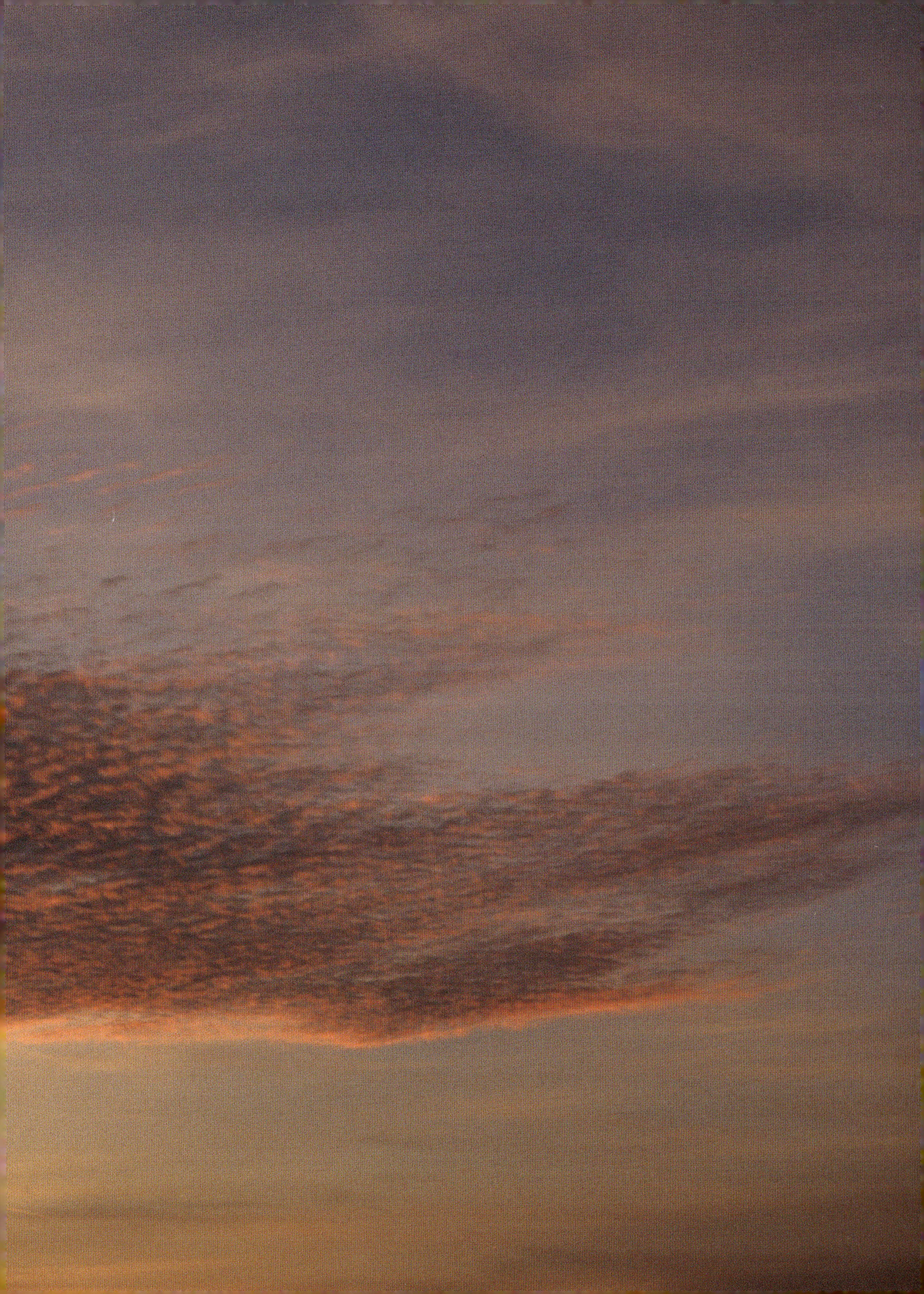

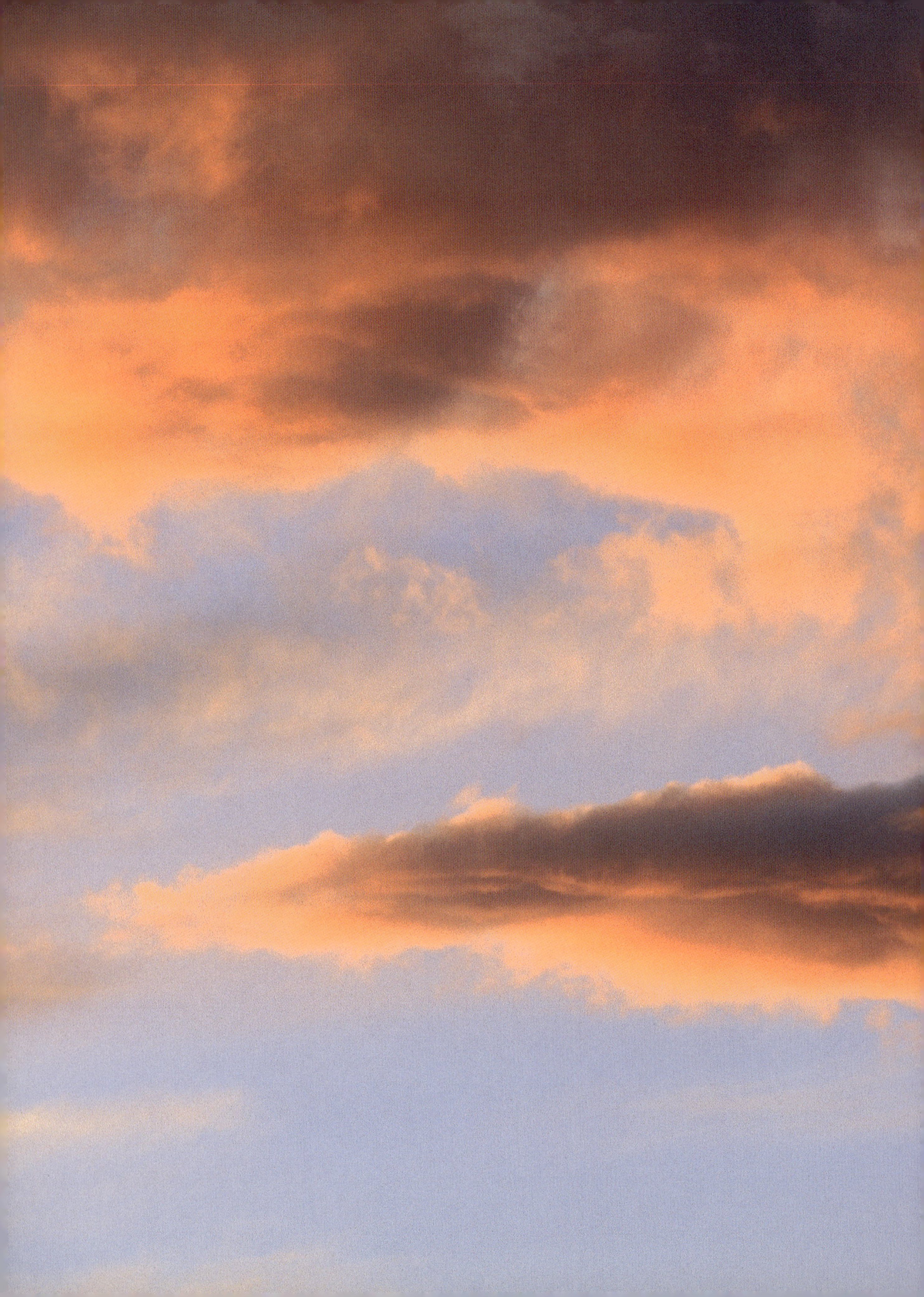

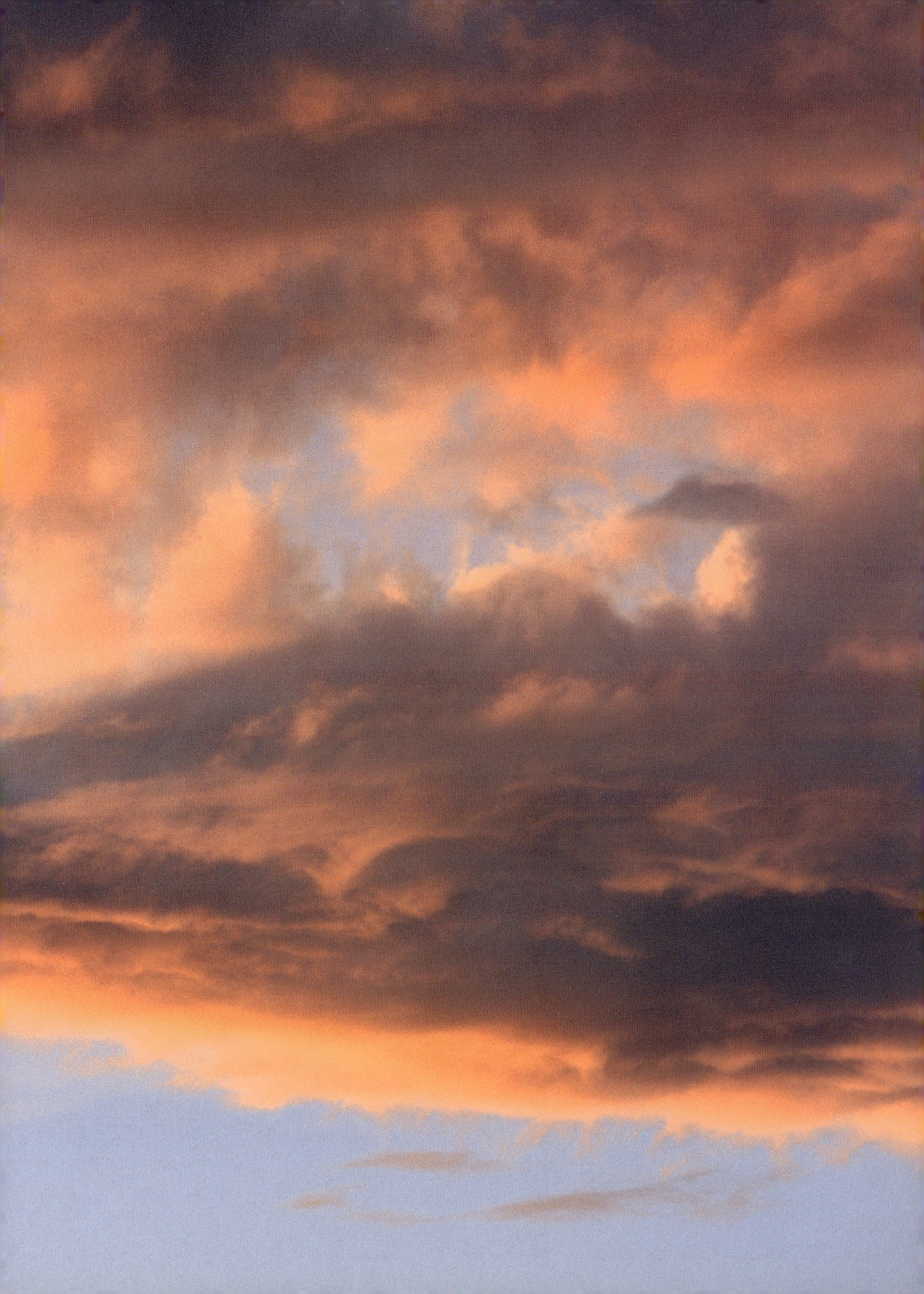

Ich bin das Kind von Wasser und Wind
Ziehtochter von Himmel und Licht;
Ich trinke an Brüsten von Meeren und Küsten;
Mich wandelnd, sterbe ich nicht.

PERCY BYSSHE SHELLEY
aus: Die Wolke

Wunderlicher Bau,
in sich bewegt und von sich selbst gehalten,
Gestalten bildend, Riesenflügel, Falten
und Hochgebirge vor den ersten Sternen
und plötzlich, da: ein Tor in solche Ferne,
wie sie vielleicht nur Vögel kennen …

RAINER MARIA RILKE
aus: Abend in Skåne

CUMULONIMBUS PRAECIPITATIO

Bedeutung: »Aus einer Regenhaufenwolke herabstürzender (Niederschlag)«. Das Foto zeigt einen Ausschnitt einer sehr hoch reichenden Haufenwolke: es handelt sich um die dunkle Basis der Wolke, aus der sichtbar Regen fällt. Wir erkennen den Niederschlag an den hellgrauen Schlieren, die sich senkrecht nach unten erstrecken. Solche Regenfälle sind oft heftig, aber nur von kurzer Dauer (»Schauer«). Zuweilen schimmert dahinter bereits die Wetterbesserung hindurch – wie in diesem Beispiel auch, erkennbar an dem freundlicheren Sonne-Wolken-Mix in der Ferne. Fällt die Sonne auf den Regenvorhang, vermag er mittels seiner Regentropfen einen wunderschönen Regenbogen hervorzuzaubern.

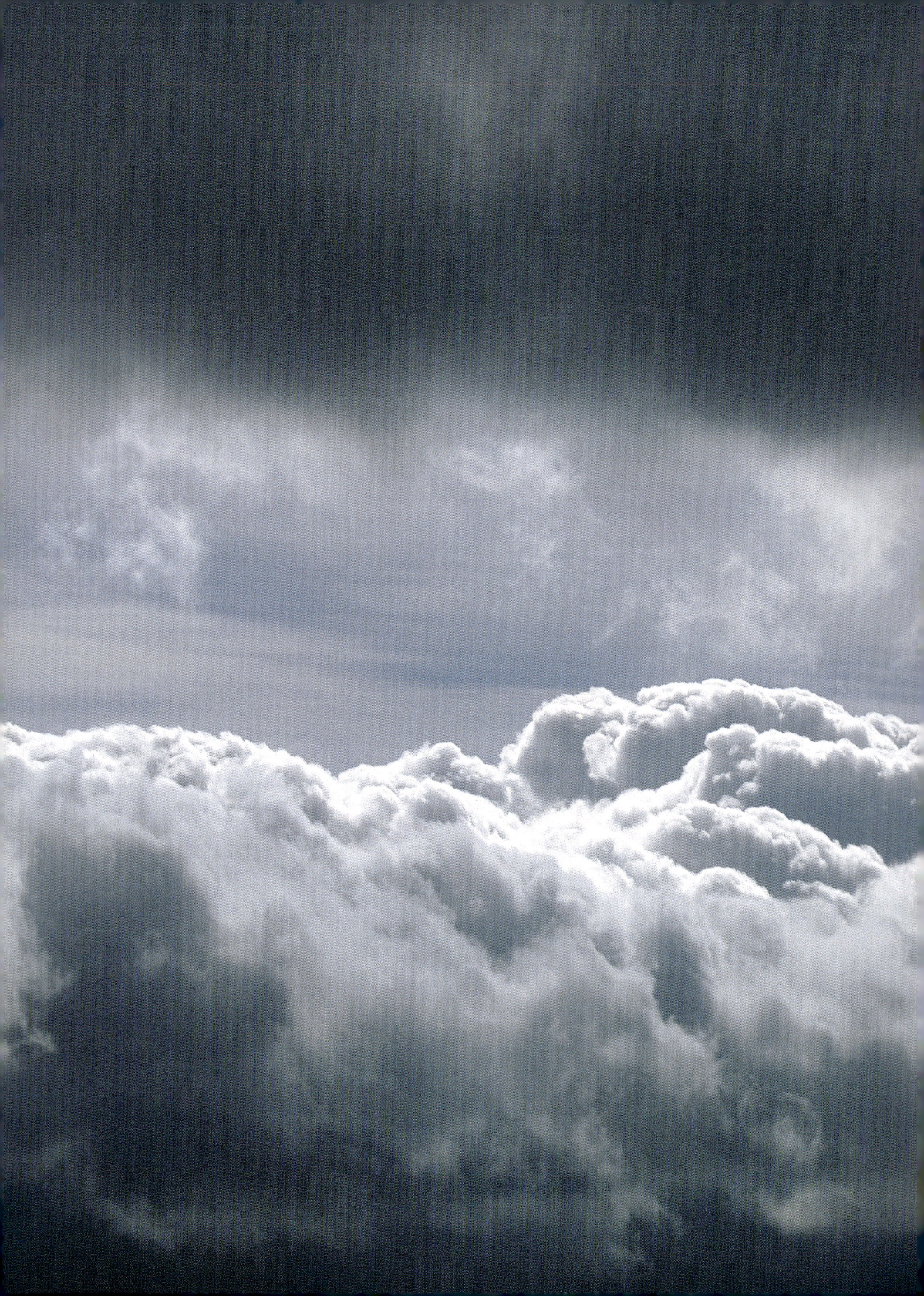

LUKE HOWARD (1772–1864)
*Wolkenstudie. Dunkler Cirrostratus, 1803–1811, blaue Wasserfarben,
Royal Meterological Society, als Dauerleihgabe im Science Museum, London*

ALTOCUMULUS LENTICULARIS DUPLICATUS

Bedeutung: »Stapel aus hohen Haufenwolken in Linsenform«. Diese Wolke zählt zu den exotischeren Formen. Wie die gewöhnliche Altocumulus-Wolke besteht sie aus kleinsten Wassertröpfchen, doch in der Form erinnert nichts an die rundlich-flauschige Schäfchenwolke. Der Grund liegt in ihrer Verwandlungsfähigkeit: in der Nähe von Gebirgen ändert sich bei Föhnwetterlagen der Aufbau der Atmosphäre, sie besteht aus dünnen, abwechselnd feuchten und trockenen Luftschichten, dabei verläuft die Luftströmung in diesen wellenförmig. Im Foto erkennen wir den seltenen Fall dreier übereinander stehender Wolkenlinsen, das Relikt einer von den Luftwogen umgeformten Schäfchenwolkenschicht.

CUMULUS CONGESTUS

Bedeutung: »Hoch reichende Haufenwolke«. Wenn die sommerliche Thermik oder eine herannahende Gewitterfront die Wolken immer mehr in die Höhe wachsen lässt, bilden sich die klassischen Gebirge aus mächtigen Haufenwolken, im Volksmund auch Quellwolken oder Blumenkohlwolken genannt. Ursache ist der aufwärts gerichtete und sehr turbulent verlaufende Luftstrom. Er lässt einen Teil der in ihm enthaltenen Feuchtigkeit zu Wolken kondensieren. Die vielen Farbnuancen im Foto gaukeln dem Betrachter vor, hier würden sich mehrere Quellwolken übereinander auftürmen. Doch es ist in Wirklichkeit ein und dieselbe Wolke, nur verschieden eingefärbt. Während ein Großteil des Wolkengebirges im Schatten einer anderen (für uns unsichtbaren Wolke) liegt, erlaubt ein Fenster in jener Wolke der Sonne, auf unsere Wolke zu scheinen und sie so zum Leuchten zu bringen.

CIRROCUMULUS STRATIFORMIS UNDULATUS
    Bedeutung: »Schicht aus wogenförmigen Haufenwolken im Cirrus-Niveau«. In Atmosphärenhöhen von sieben Kilometer und mehr bestehen die Wolken nicht mehr aus Wassertröpfchen sondern nur noch aus kleinsten Eiskristallen (Cirrus-Wolken). Verglichen mit den Tröpfchen der »Wasserwolken« sind es nicht viele und sie treten oft auch nur in dünnen Schichten auf. So vermag die Sonne mit ihrem

Licht hindurch zu scheinen, was der Wolke ein weißlich leuchtendes, seidenförmiges Antlitz verleiht. Bei bestimmten Wetterlagen strebt die Luft innerhalb dieser dünnen Schicht nach oben, was die anfangs diffuse Wolkenmasse in ein Mosaik aus kleinsten Wolkenballen strukturiert, ähnlich einer Schäfchen- wolke. Wenn die Luft diese Schicht dann auch noch wellenförmig durchströmt, entsteht dieses seltene Wolkenballen-Mosaik in Wogenform, wie es auf dem Foto festgehalten ist.

FRIEDRICH PRELLER D. Ä. (1804–1878)
*Wolkenbildung mit durchscheinender Sonne, 1821, Pinsel in Grau über Graphit, laviert,
Goethe-Nationalmuseum, Weimar*

CUMULUS

Bedeutung: »Haufenwolke«. Die turbulente Aufwärtsbewegung der zu Tröpfchen kondensierenden Luft in einer Aufwindzone führt zu der bekannten Blumenkohlform der »Quell-« oder »Haufenwolke«. Wird die Sonne durch eine solche Wolke verdeckt und ist die Atmosphäre um die Wolke herum sehr feucht, vermögen die Sonnenstrahlen den Schattenwurf des Wolkenrandes wie einen riesigen Fächer über den Himmel zu verteilen. Oft sieht man dieses Abbild des Strahlenbündels auf einer feuchten Luftschicht unter der Wolke, mitunter wie hier im Foto auch über ihr. Der Volksmund spricht vom »Wasserziehen« der Wolke – doch das ist ein Vorurteil: nur wenige dieser vermeintlich wasserziehenden Cumuli entwickeln sich zu Schauerwolken weiter.

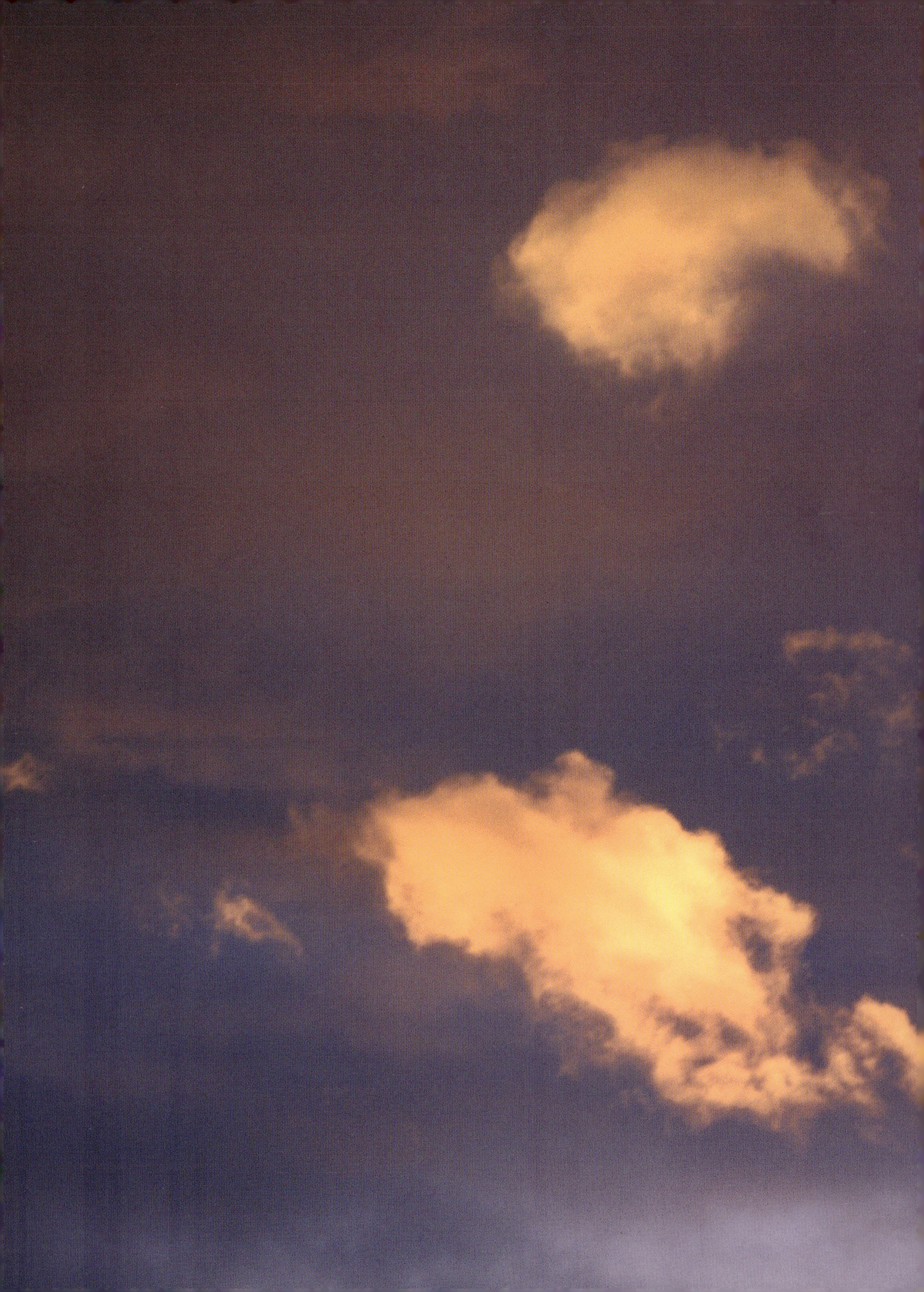

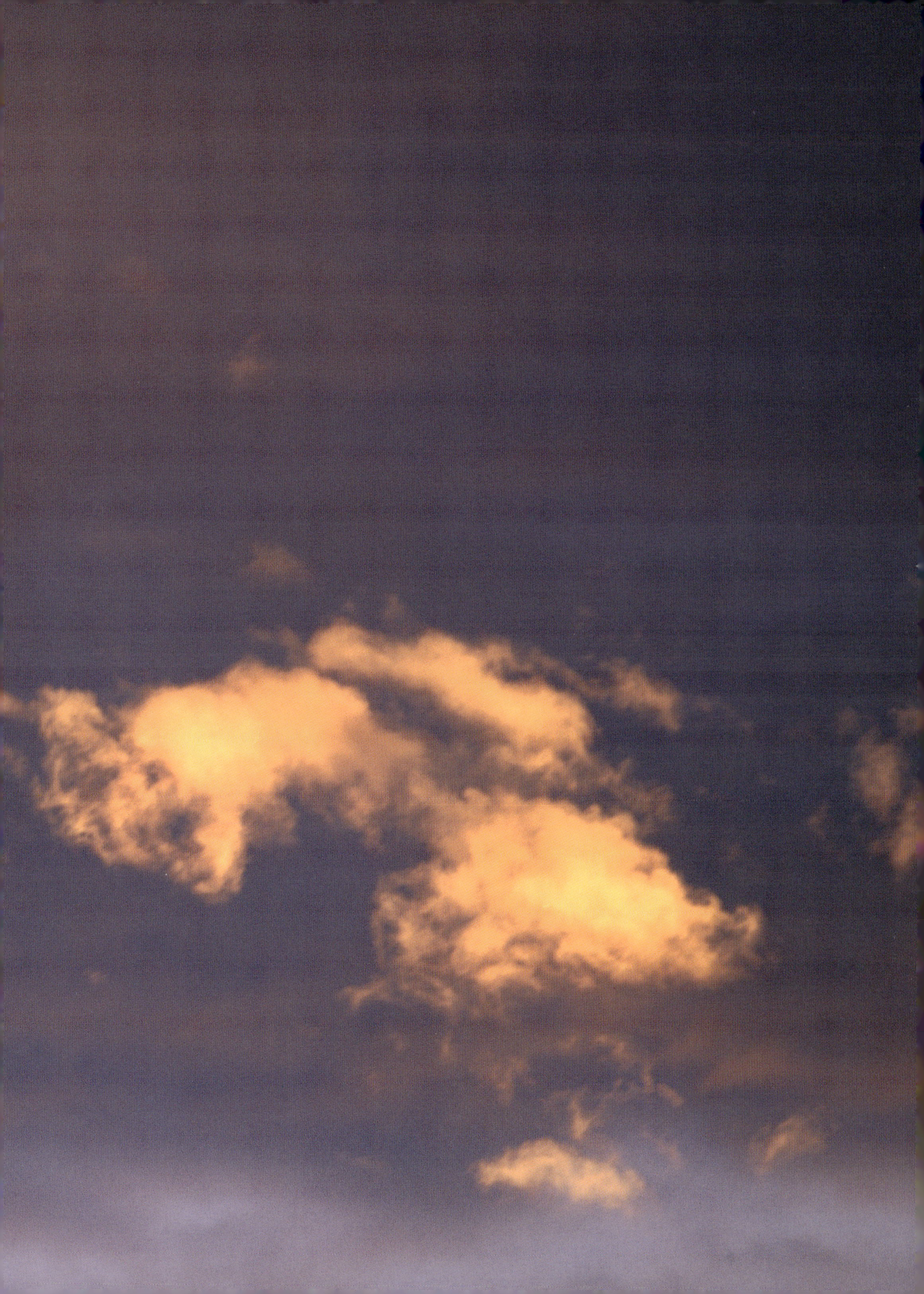

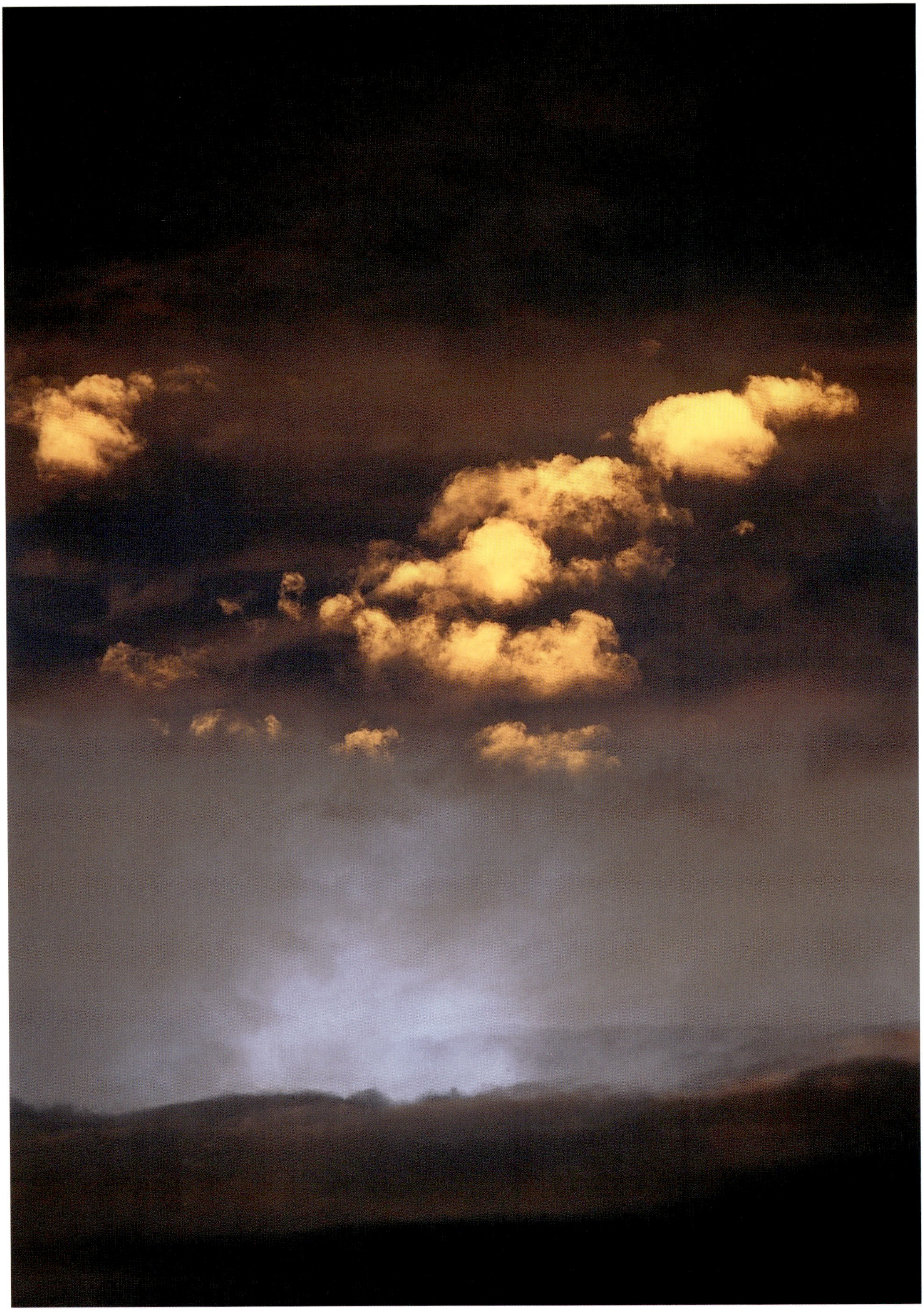

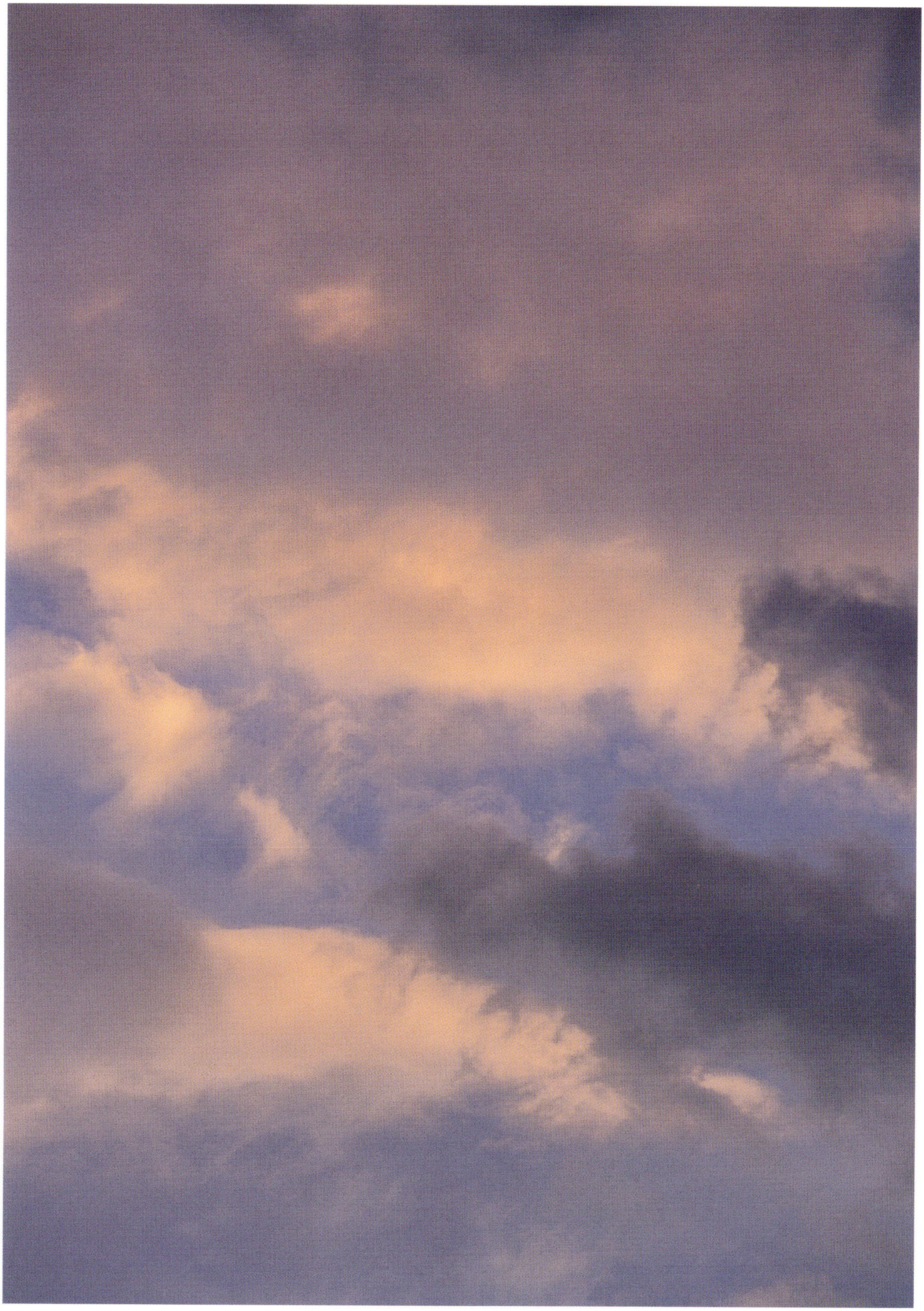

Kurzes Glück schwamm mit den Wolkenmassen,
Wollt' es halten, mußt' es schwimmen lassen.

DETLEV VON LILIENCRON
aus: Märztag

Es ist nicht Tag und nicht Stern,
Ich kenne die Welt nicht mehr,
Nur dich – alles ist Himmel.

ELSE LASKER-SCHÜLER
aus: An den Prinzen Tristan

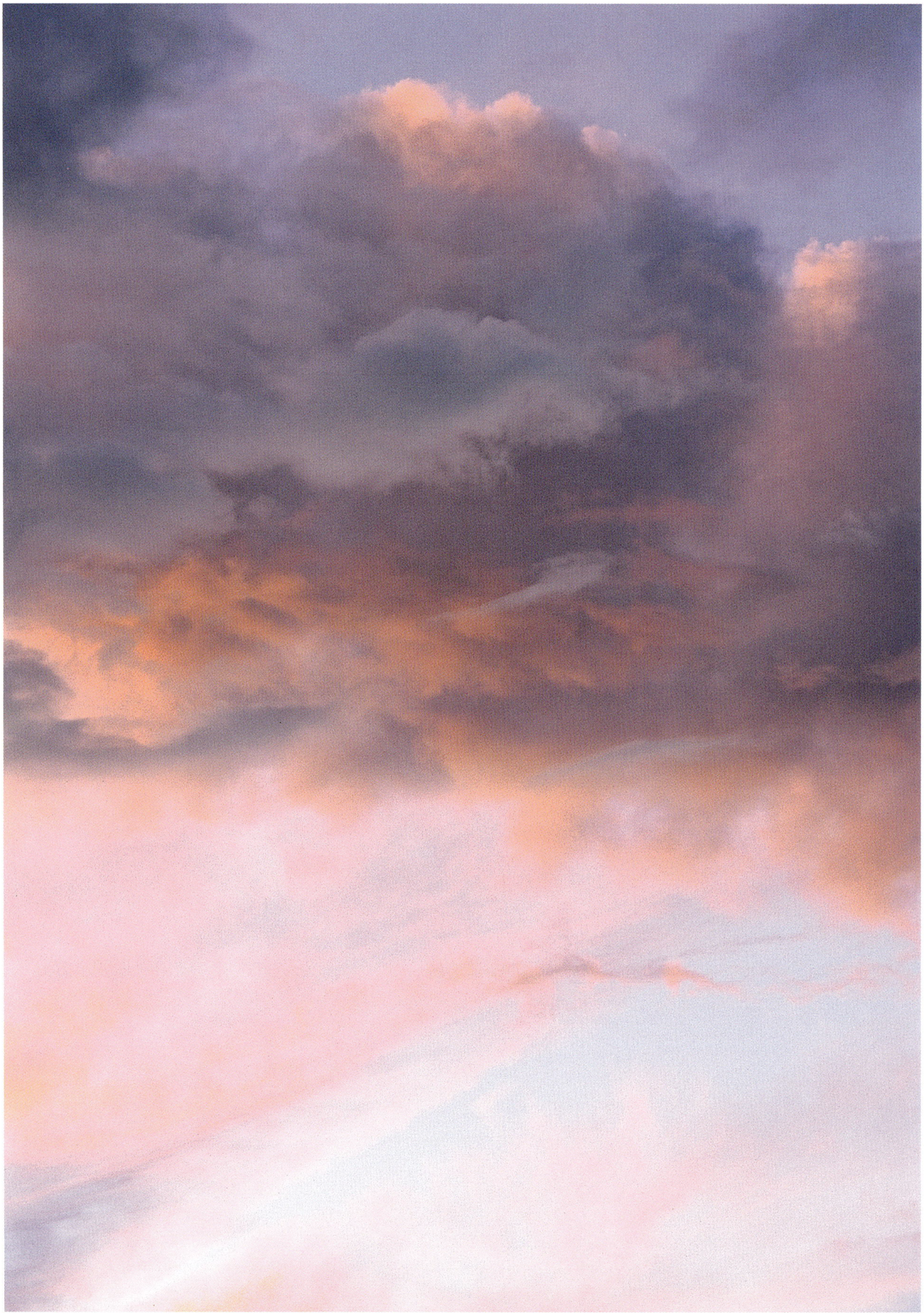

Die Wolke seh ich wandeln und den Fluß,
Es dringt der Sonne goldner Kuß
Mir tief bis ins Geblüt hinein;
Die Augen, wunderbar berauschet,
Tun, als schliefen sie ein,
Nur noch das Ohr dem Ton der Biene lauschet.
Ich denke dies und denke das,
Ich sehne mich, und weiß nicht recht nach was:
Halb ist es Lust, halb ist es Klage;
Mein Herz, o sage,
Was webst du für Erinnerung
In golden grüner Zweige Dämmerung?
– Alte unnennbare Tage!

EDUARD MÖRIKE
aus: Im Frühling

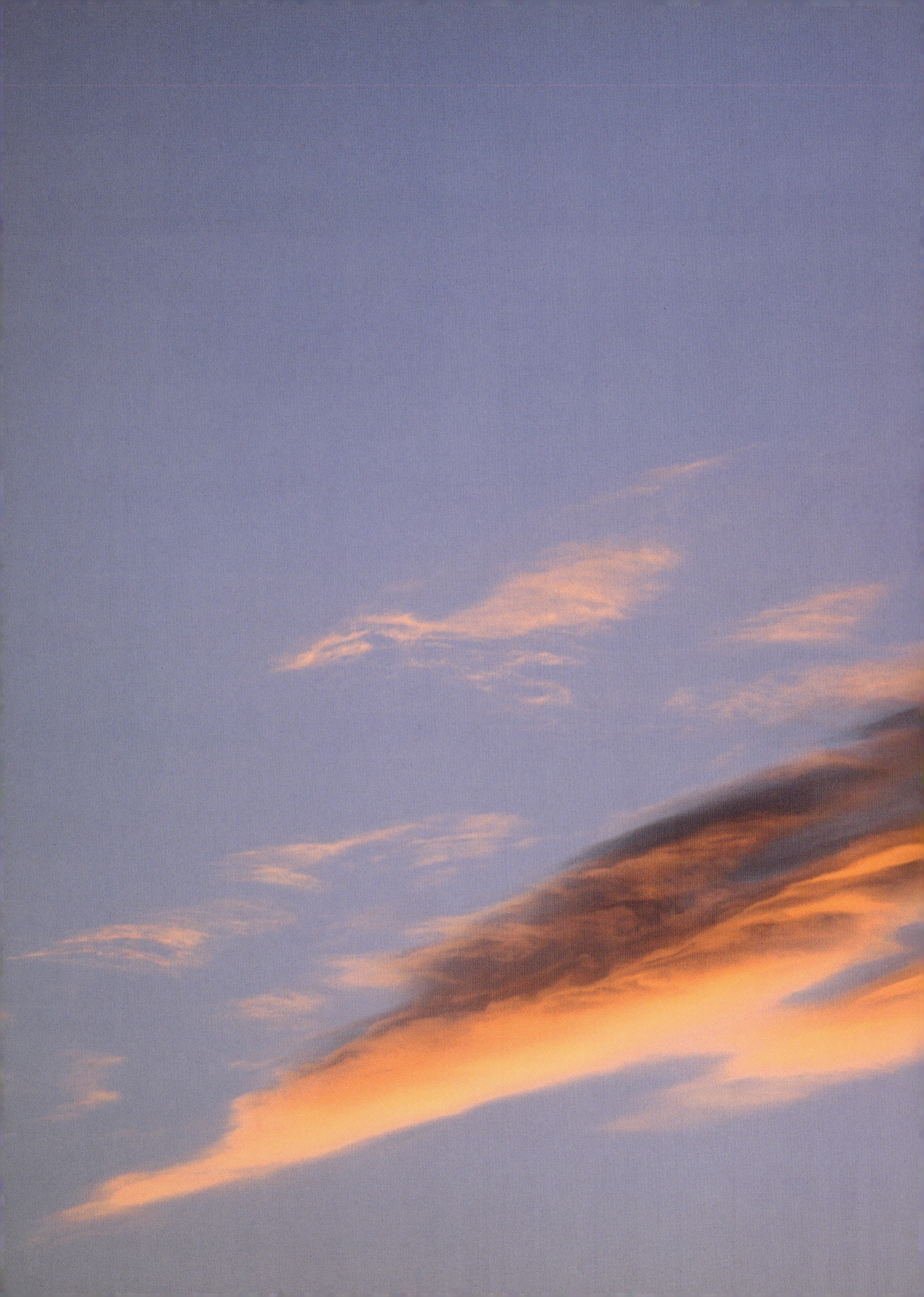

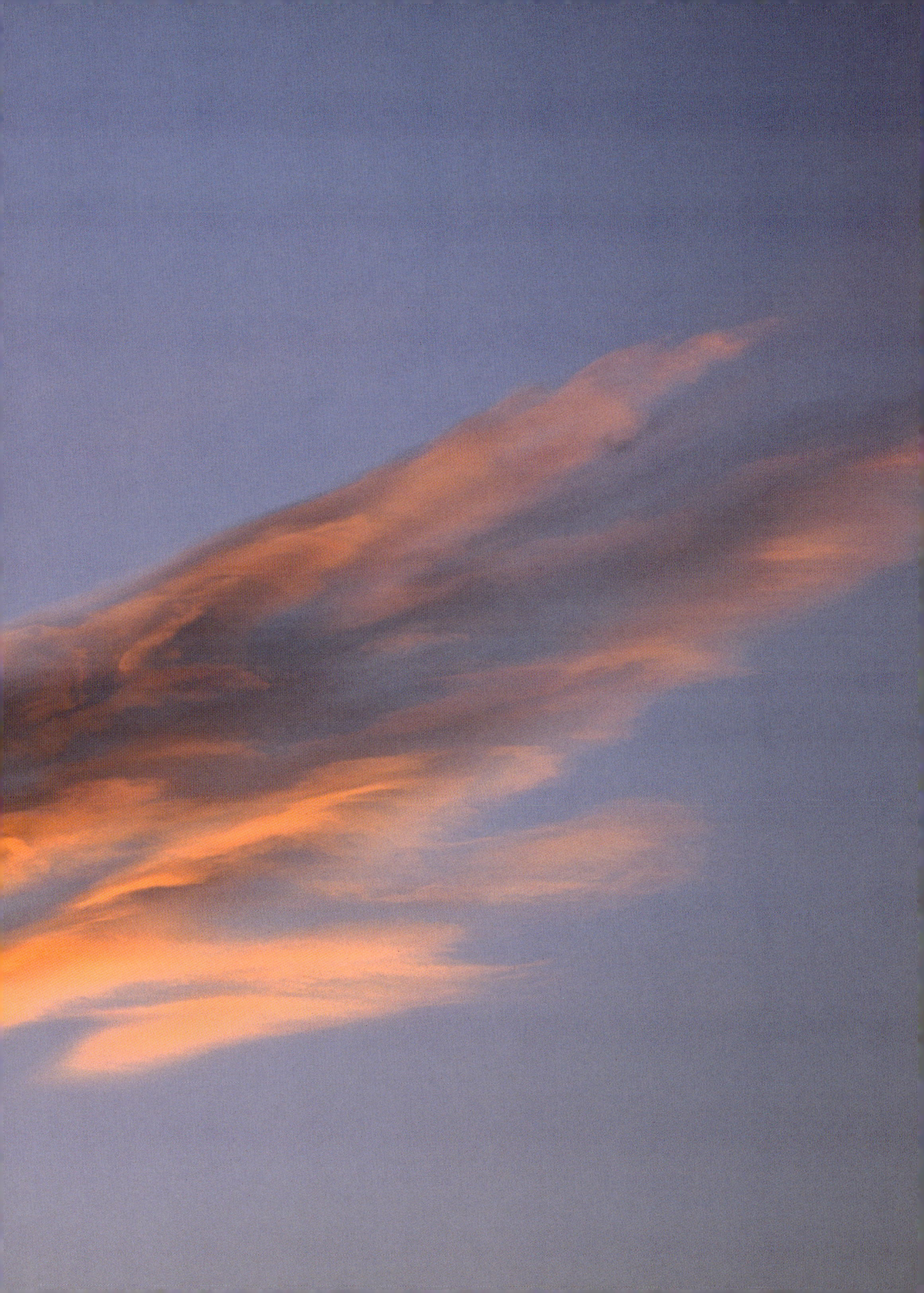

CASPAR DAVID FRIEDRICH (1774–1840)
Abend, September 1824, Öl auf Karton, Österreichische Galerie Belvedere, Wien

BUCH HIOB 36,22–33

Siehe, Gott ist groß und unbegreiflich; die Zahl seiner Jahre kann niemand erforschen. Er zieht empor die Wassertropfen und treibt seine Wolken zusammen zum Regen, daß die Wolken überfließen und Regen senden auf die Menge der Menschen. Wer versteht, wie er die Wolken türmt und donnern läßt aus seinem Gezelt? Siehe, er breitet sein Licht um sich und bedeckt alle Tiefen des Meeres. Denn damit regiert er die Völker und gibt Speise die Fülle. Er bedeckt seine Hände mit Blitzen und bietet sie auf gegen den, der ihn angreift. Ihn kündet an sein Donnern, wenn er mit Zorn eifert gegen den Frevel.

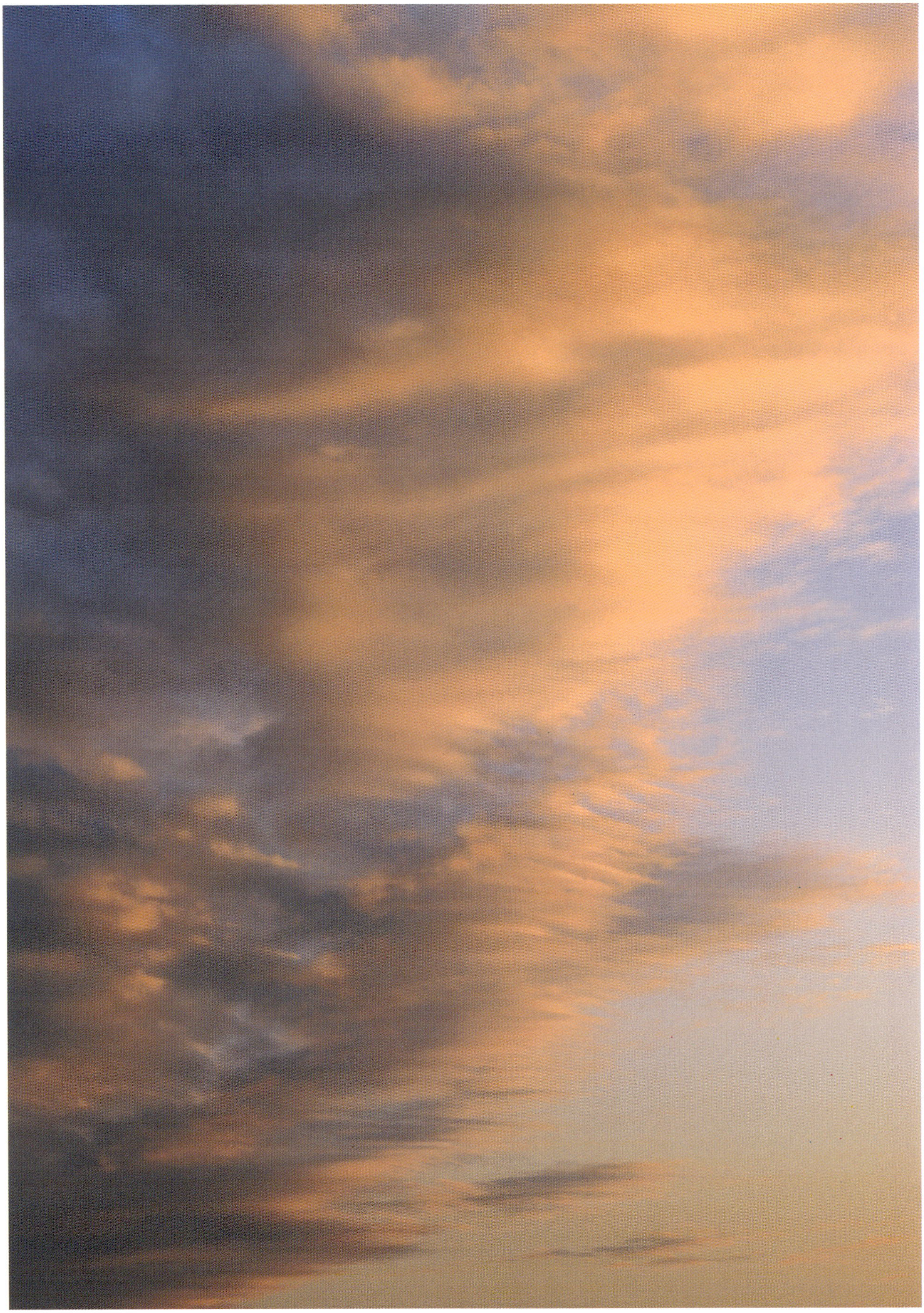

Zuhauf jagten die Wolken gegen die Stadt.
Und wurden groß
und glichen Riesen
und Elefanten
und dicken, finsteren Ungeheuern,
wie sie noch niemand gesehen hat.
Gleich geht es los!

JOSEF GUGGENMOS
aus: Das Gewitter

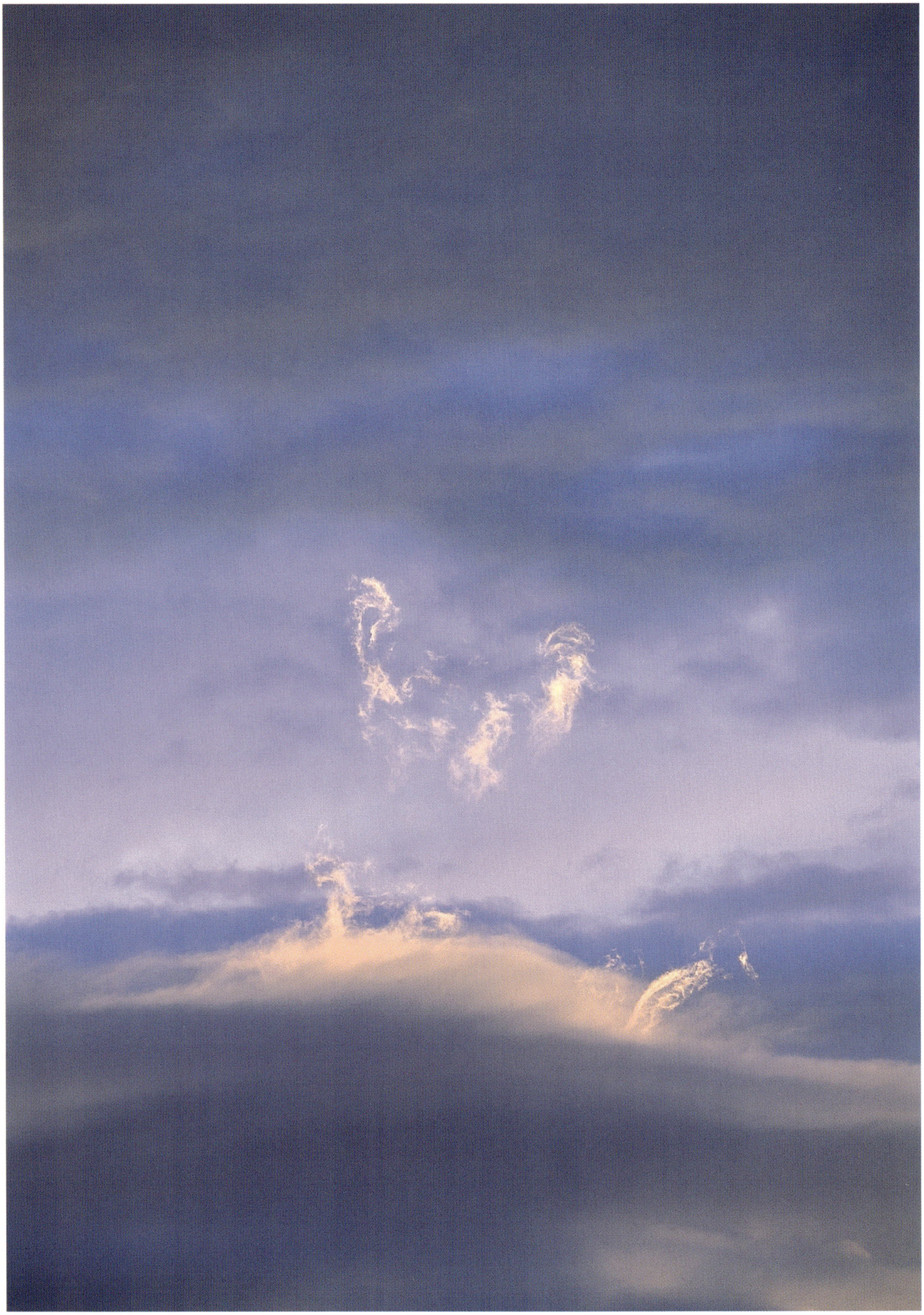

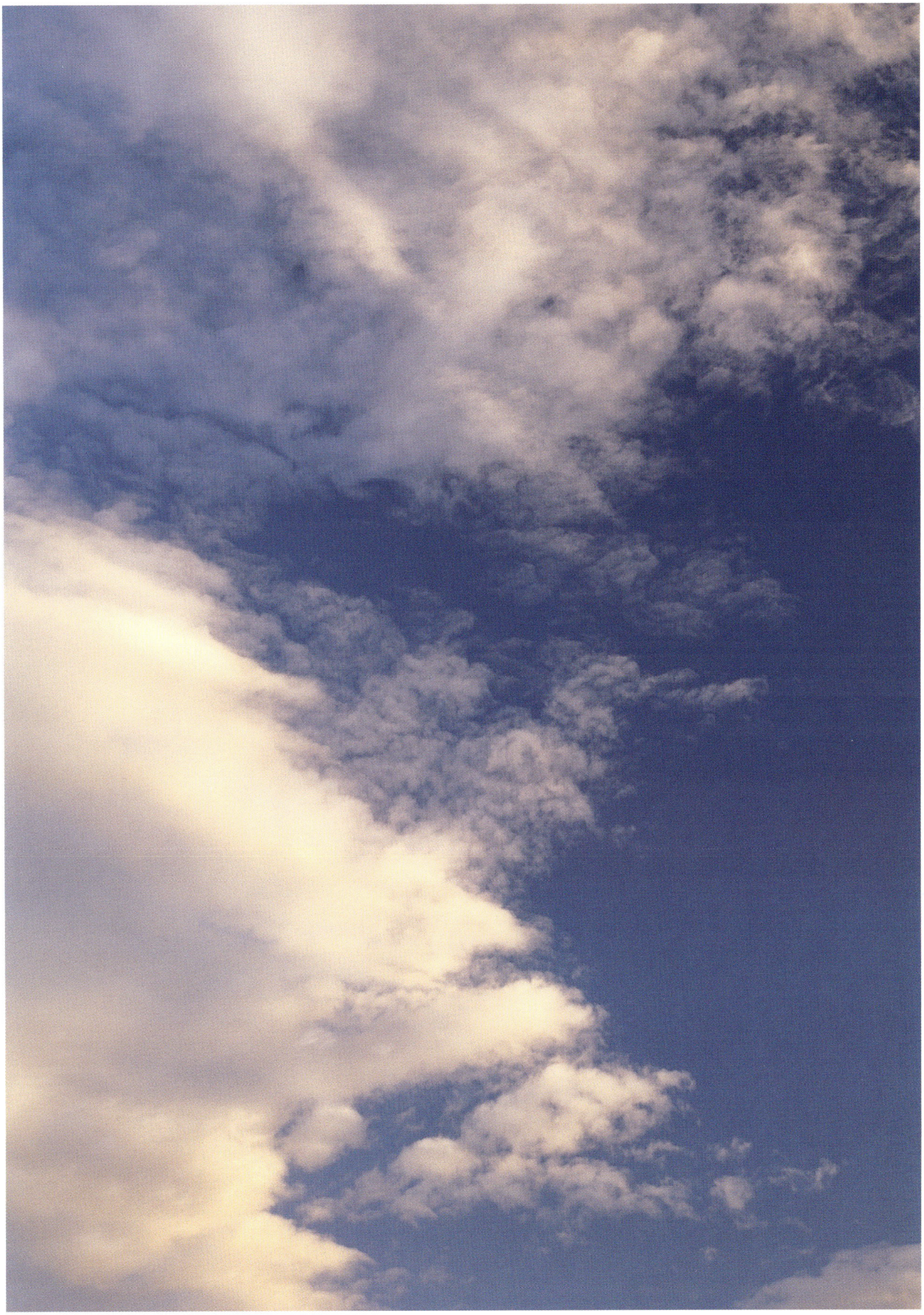

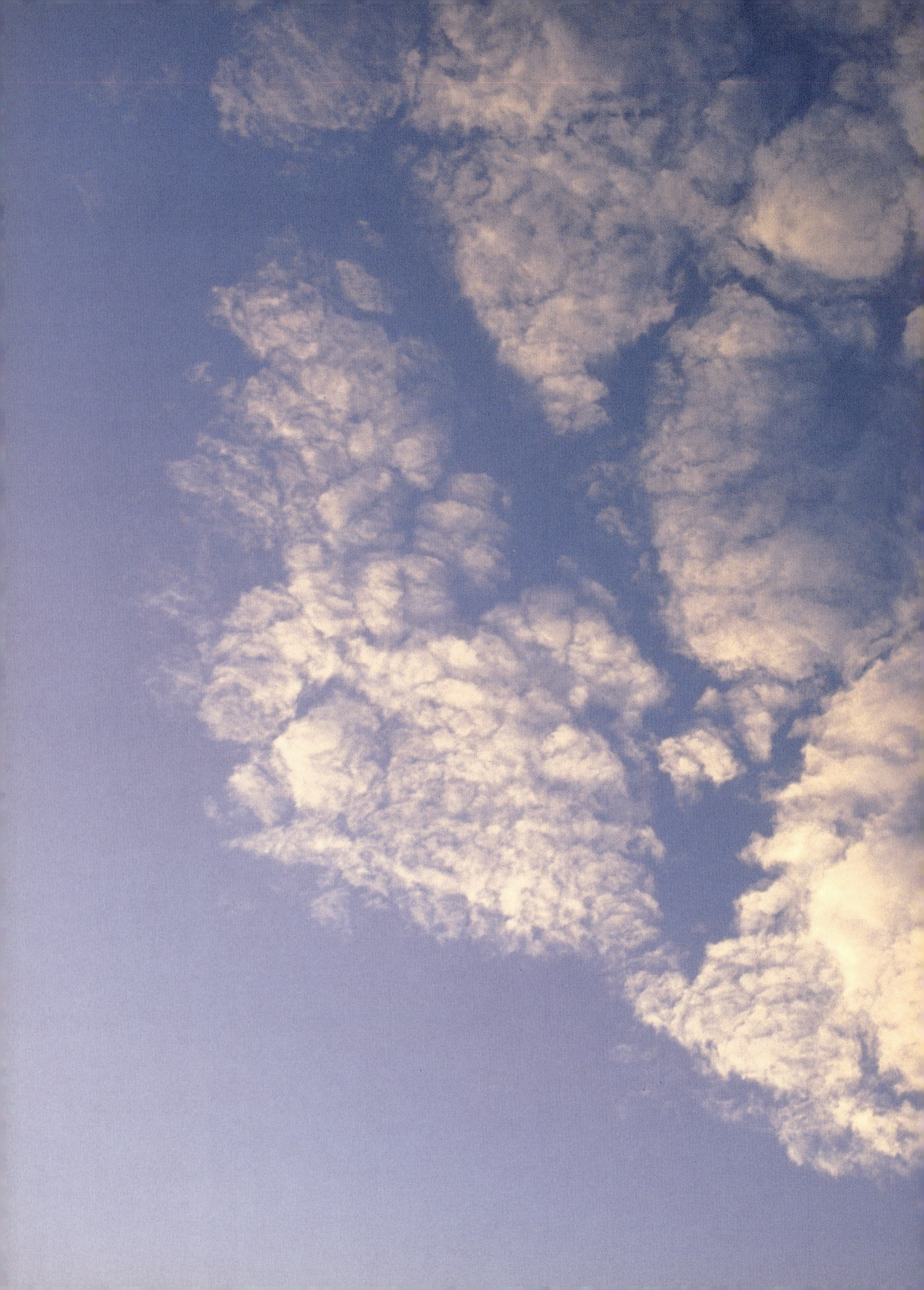

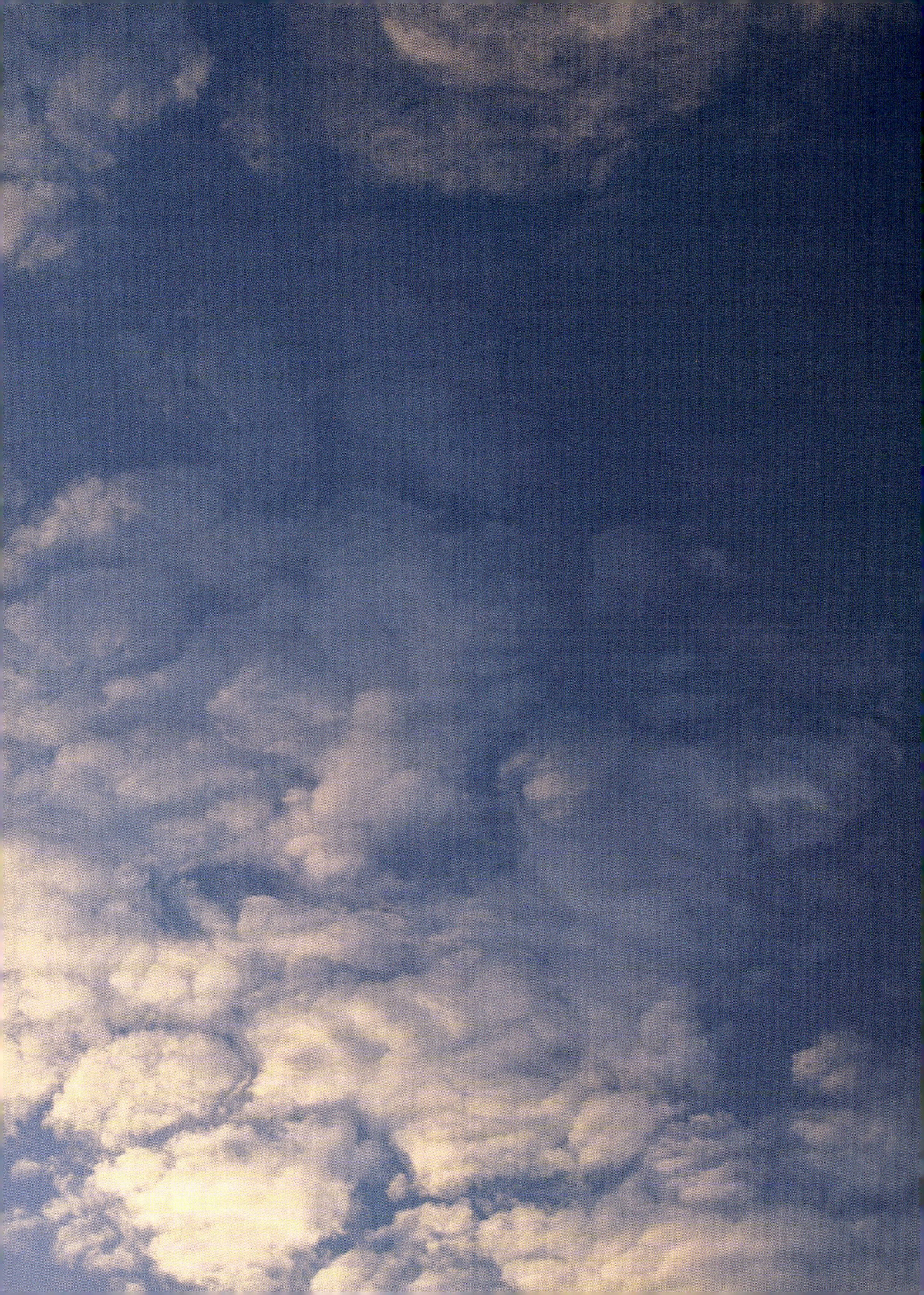

Ein blauer Brief ist der Nachmittag über den Gärten,
durchwölkt von schimmernden Wasserzeichen des Herbstes.
Unruhige Lettern aus Vogelflug, verlöscht vom Winde.

Wem gilt die Botschaft? Den Sonnenblumen? Vielleicht der
eigenen Seele? Du strenge Geduld der schwarzen
Iris zwischen dem Gold sich mählich lösender Wimpern.

CHRISTINE BUSTA
aus: Blick in den Augusthimmel

»Was liebst du denn, seltsamer Fremdling?« –
»Ich liebe die Wolken … die ziehenden Wolken … dort …
dort in der Ferne … die wunderbaren Wolken.«

CHARLES BAUDELAIRE
aus: Die Tänzerin Fanfarlo und Der Spleen von Paris

CARL BLECHEN (1798–1840)
Grauer Wolkenhimmel mit Mond, um 1823, Öl auf Papier,
Staatliche Museen zu Berlin, Kupferstichkabinett

BUCH HIOB 37,5–13

Gott donnert mit seinem Donner wunderbar und tut große Dinge, die wir nicht begreifen. Er spricht zum Schnee: »Falle zur Erde!« und zum Platzregen, so ist der Platzregen da mit Macht. So legt er alle Menschen unter sein Siegel, daß die Leute erkennen, was er tun kann. Die Wolken beschwert er mit Wasser, und aus der Wolke bricht sein Blitz. Er kehrt die Wolken, wohin er will, daß sie alles tun, was er ihnen gebietet auf dem Erdkreis: zur Züchtigung für ein Land oder zum Segen läßt er sie kommen.

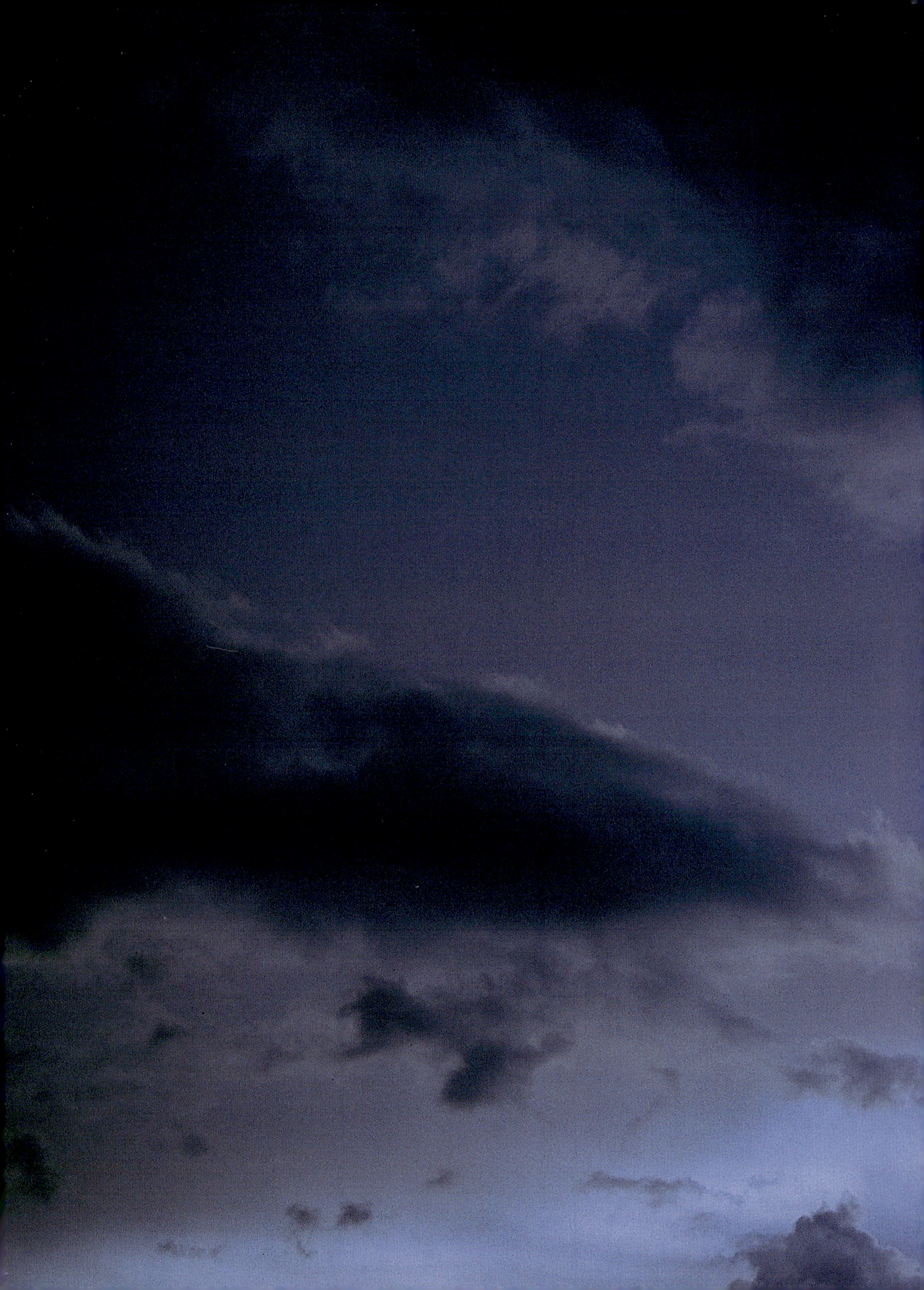

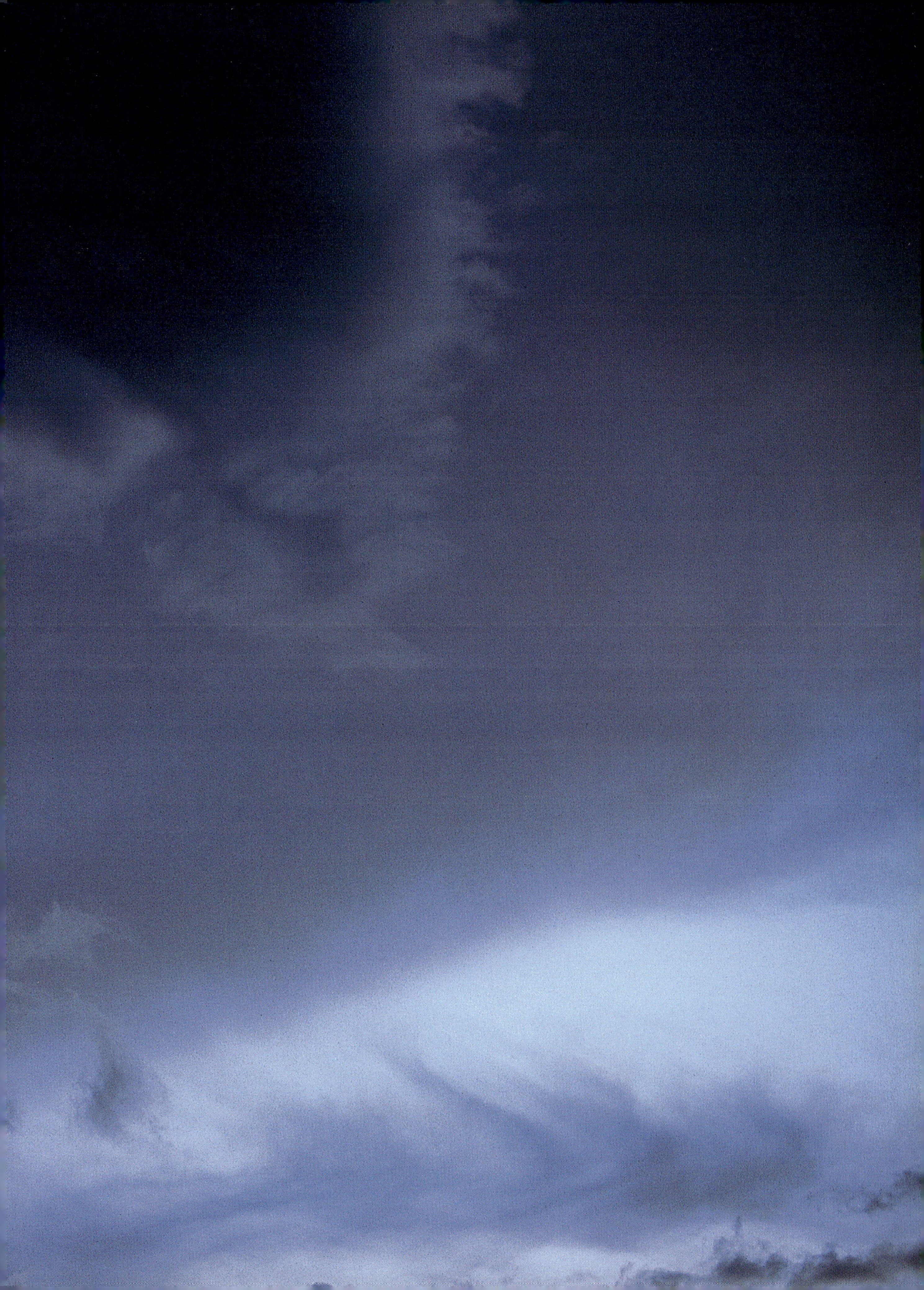

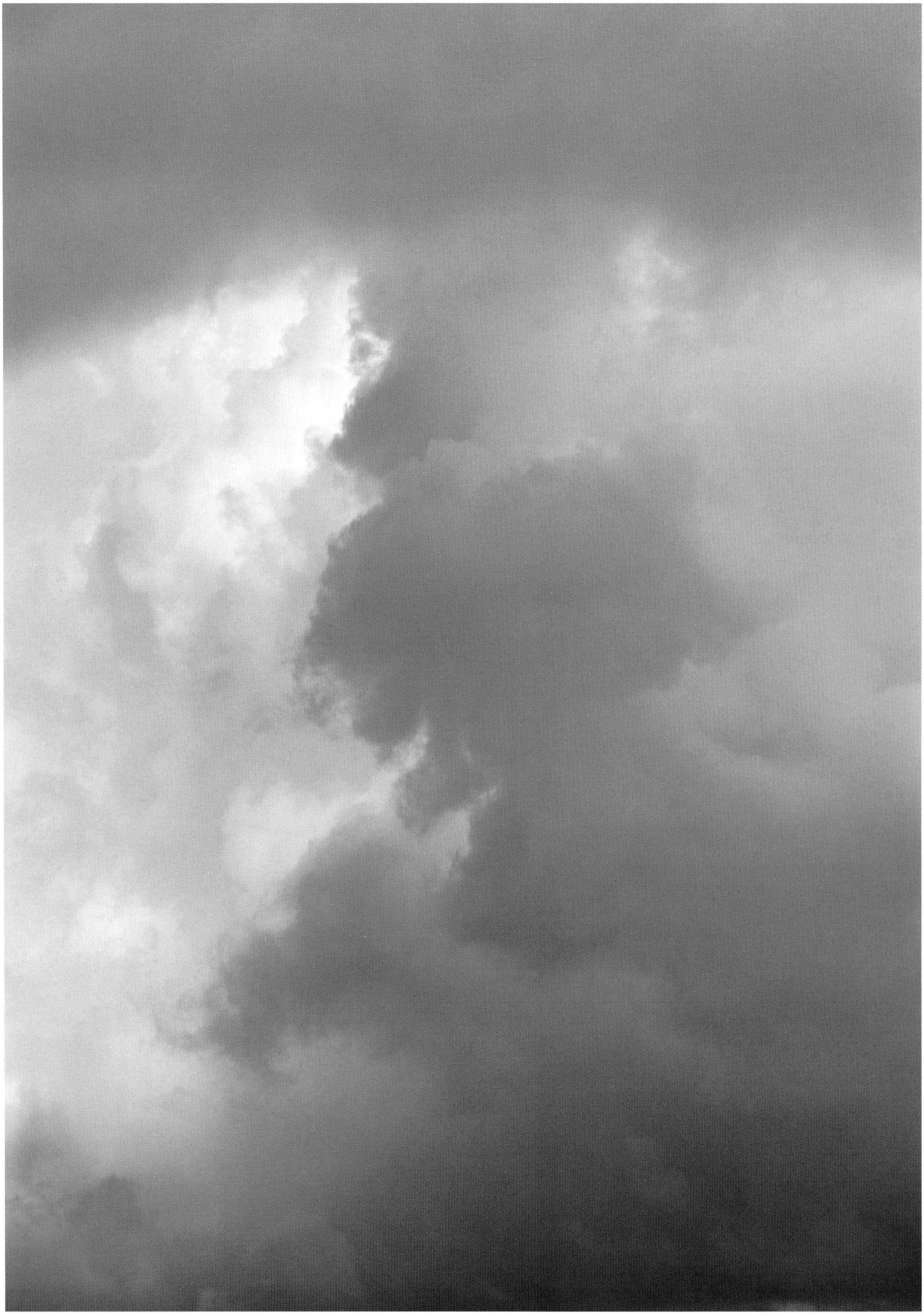

Doch jetzt ging ein Platzregen nieder!
Die Stadt war überall
nur noch ein einziger Wasserfall.
Wildbäche waren die Gassen.
Plötzlich war alles vorüber.
Die Sonne kam wieder
und blickte vergnügt
auf die Dächer, die nassen.

JOSEF GUGGENMOS
aus: Das Gewitter

THOMAS LINDSAY (1793–1861)
Wolkenstudie bei Highgate, 1836, Aquarell, aus: Book of Sky Studies, 1823–1852, Victoria & Albert Museum, London

GEORG HEYM, AUS: TRÄUMEREI IN HELLBLAU

Blaue Länder der Wolken,
Weiße Segel dicht,
Die Gestade des Himmels in Fernen
Zergehen in Wind und Licht

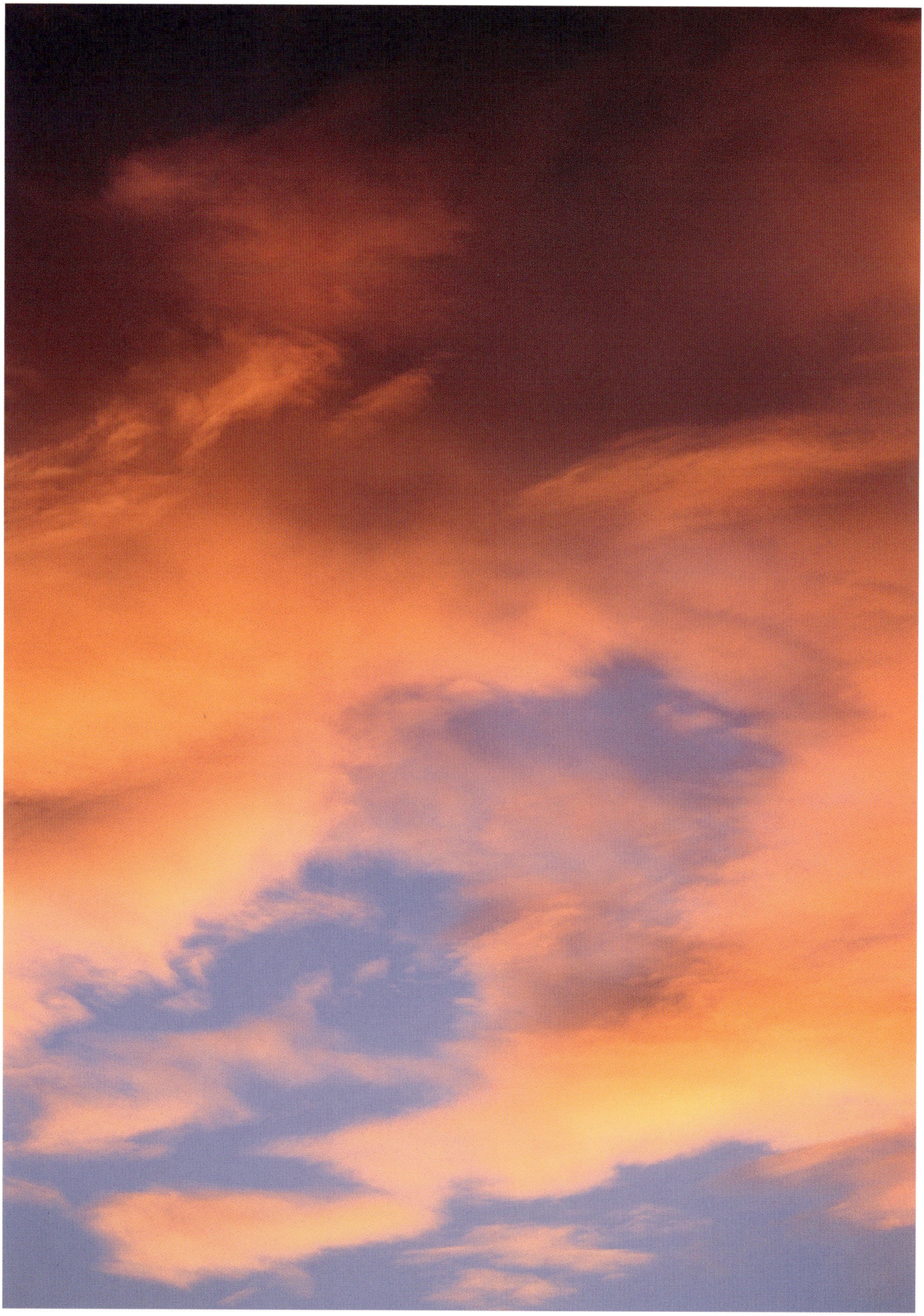

Grüß mir die Sonne, Flieger, träume
beruhigt in den Wolken darunter. Aber
schau in die Karten, ab und an, die Luftschifffahrt
braucht Koordinaten. Auch wenn manches so leicht
wie zufällig aussehen kann, es ist kein ungefährliches
und doch ein reizvolles, weil beinahe leises Geschäft.
Vieles geht schnell, kaum dass man sichs versieht ist
der Kopf auf dem Boden, dann wieder im Himmel
verdreht. Wenn es dunkel wird, leuchtet unten
ein Gewitter aus Strass, und weht der Wind von Norden
werden die Herzen nass. Ums Haar kannst du dir rasch
einen kleinen frechen Wirbelzopf drehen, der
blinkt dann (rot), im dortigen Licht erscheint dein Gesicht
wie geschnitten aus Bronze. Was nicht geht. Deshalb
ist das Fliegen so schön. Und ich meine nicht den Guss,
den Sturz. Ich meine das Fliegen, Flieger.

ADRIAN KOERFER
Für Sophia

CUMULUS CONGESTUS
Bedeutung: »Hoch reichende Haufenwolke«. Im Verlauf eines schwül-warmen Sommertages bereichern mehr und mehr in die Höhe wachsende Haufenwolken mit ihrer typischen Blumenkohlform das Himmelsbild. Mit Blick auf die Regenneigung sind sie harmlos, solange sie ihre klaren, an einen Blumenkohl erinnernden Konturen beibehalten.

CUMULONIMBUS CAPILLATUS

Bedeutung: »Langhaarige Regenhaufenwolke«. Lässt die Kraft des Hochdruckgebiets nach, reichert sich die Luft mit Feuchtigkeit an. Im Sommer wird es zunehmend schwül und die Quellwolken wachsen in großen Höhen. Dort beginnen sie zu vereisen – der Startschuss für Regen, Blitz und Donner. Auf dem Foto wird eine ferne Gewitterwolke von der Abendsonne in rotes Licht getaucht.

Stratus

Wenn von dem stillen Wasserspiegelplan
Ein Nebel hebt den flachen Teppich an,
Der Mond, dem Wallen des Erscheins vereint,
Als ein Gespenst Gespenster bildend scheint,
Dann sind wir alle, das gestehn wir nur,
Erquickt', erfreute Kinder, o Natur!
Dann hebt sich's wohl am Berge, sammelnd breit
An Streife Streifen, so umdüstert's weit
Die Mittelhöhe, beidem gleich geneigt,
Ob's fallend wässert oder luftig steigt.

Kumulus

Und wenn darauf zu höhrer Atmosphäre
Der tüchtige Gehalt berufen wäre,
Steht Wolke hoch, zum herrlichsten geballt,
Verkündet, festgebildet, Machtgewalt
Und, was ihr fürchtet und auch wohl erlebt,
Wie's oben drohet, so es unten bebt.

Zirrus

Doch immer höher steigt der edle Drang!
Erlösung ist ein himmlisch leichter Zwang.
Ein Aufgehäuftes, flockig löst sich's auf,
Wie Schäflein tripplend, leicht gekämmt zu Hauf.
So fließt zuletzt, was unten leicht entstand,
Dem Vater oben still in Schoß und Hand.

JOHANN WOLFGANG VON GOETHE
aus: Howard's Ehrengedächtnis

JOHANN WOLFGANG VON GOETHE (1749–1832)
 Bleistift, Aquarell, 1817, im Uhrzeigersinn, Cirro Stratus; Stratus. Nebel-Schicht;
 Cirro-Cumulus. Schaaf-Wolcken; Cirrus. Locken-Wolken; Cumolo-Stratus;
 Cumulus: Haufenwolken; Goethe-Nationalmuseum, Weimar

ADOLPH MENZEL (1815–1905)
*Wolkenstudie, 1851, Öl auf Papier auf Karton, Gemäldegalerie Neue Meister,
Staatliche Kunstsammlungen, Dresden*

HERMANN HESSE, AUS: PETER CAMENZIND

Zeigt mir in der weiten Welt den Mann, der die Wolken besser kennt und mehr lieb hat als ich! Oder zeigt mir das Ding in der Welt, das schöner ist, als Wolken sind! Sie sind Spiel und Augentrost, sie sind Segen und Gottesgabe, sie sind Zorn und Todesmacht. Sie sind zart, weich und friedlich wie die Seelen von Neugeborenen, sie sind schön, reich und spendend wie gute Engel, sie sind dunkel, unentrinnbar und spendend wie gute Engel, sie sind dunkel, unentrinnbar und schonungslos wie die Sendboten des Todes. Sie schweben silbern in dünner Schicht, sie segeln lachend weiß mit goldenem Rand, sie stehen rastend in gelben, roten und bläulichen Farben.

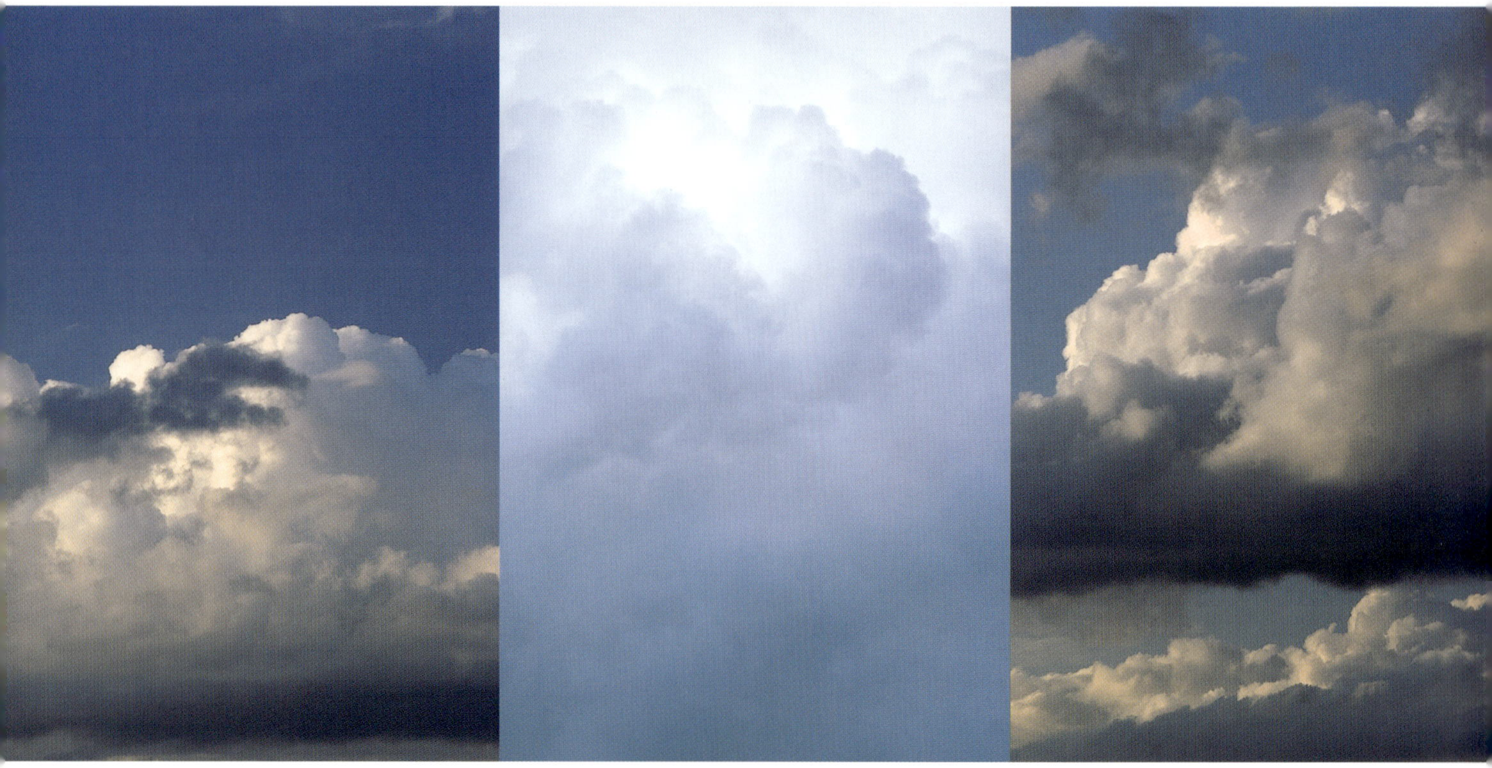

ELSE LASKER-SCHÜLER, AUS: ABER DEINE BRAUEN SIND UNWETTER…

Ich bin ein Stern
In der blauen Wolke deines Angesichts.

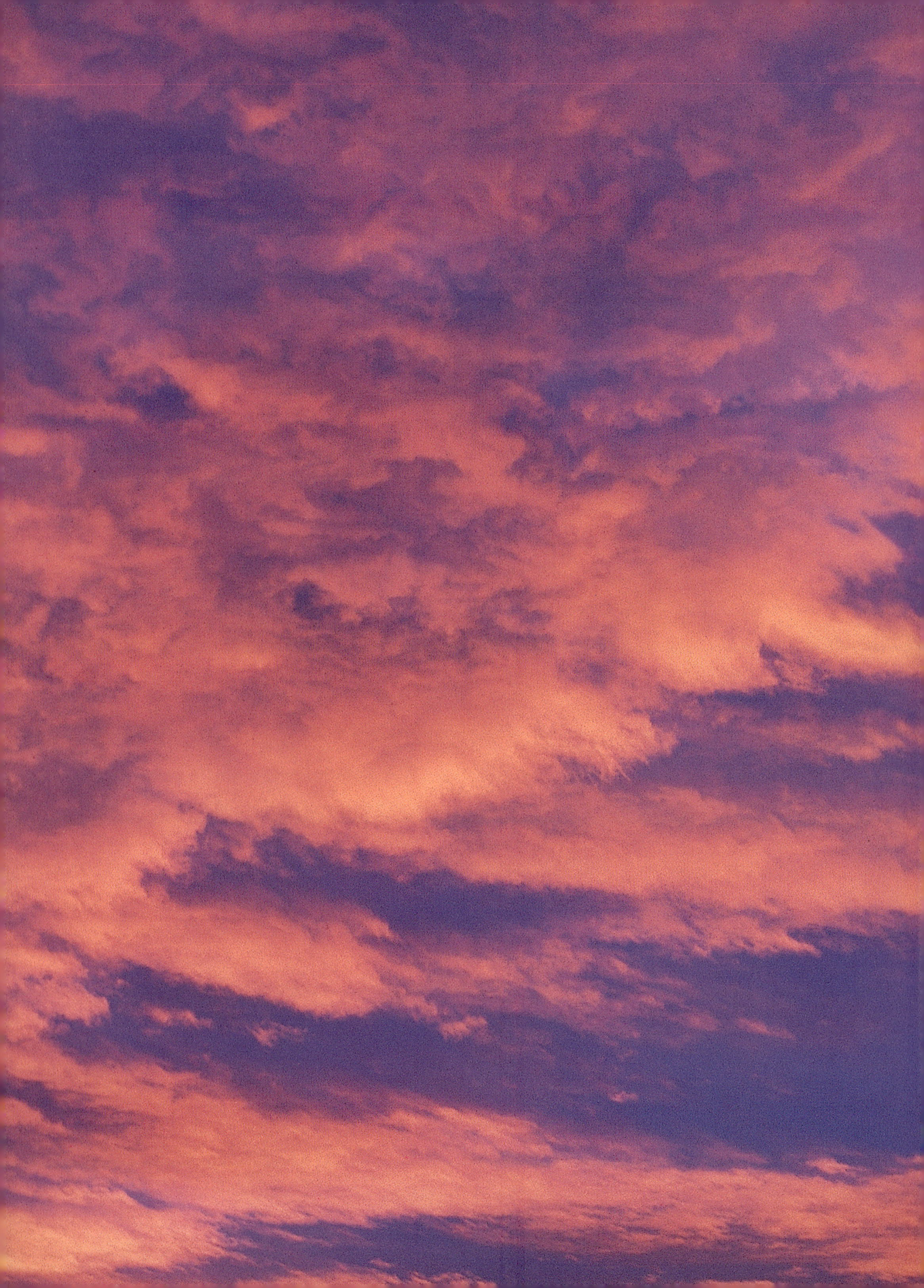

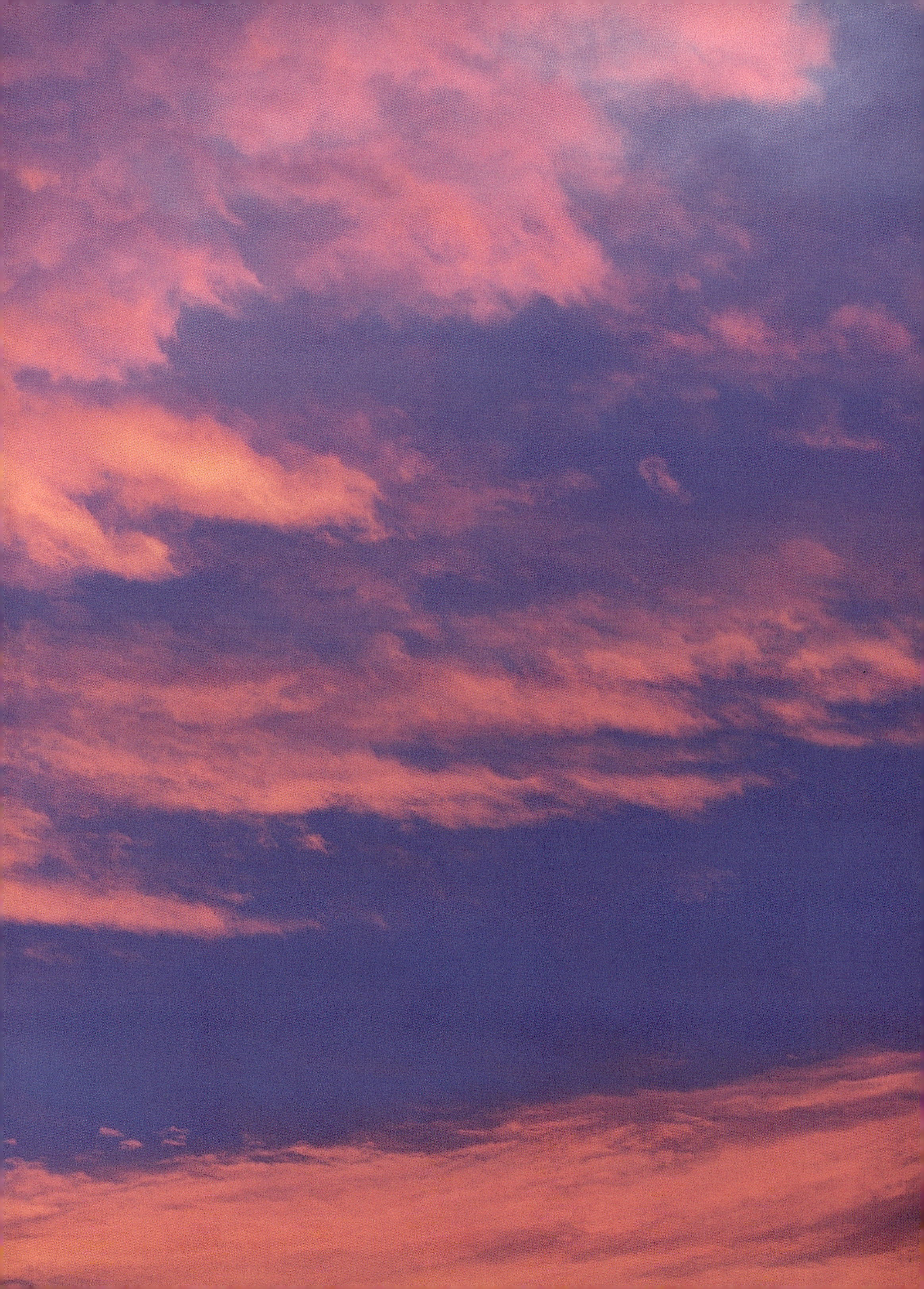

Der blaue Himmel ist blau.
Damit ist alles gesagt
über den blauen Himmel.

Dagegen diese fliegenden Bilderrätsel –
obwohl die Lösung immerfort wechselt,
kann sie ein jeder entziffern.

Unfaßbar sind sie in höheren Lagen,
nebulös. Und wie sanft
sie hinsterben! So schmerzlos

ist wenig hier. Die Wolken,
sie haben keine Angst, als wüßten sie,
daß sie immer wieder zur Welt kommen.

HANS MAGNUS ENZENSBERGER
aus: Die Geschichte der Wolken

Internationale Wolkensystematik

Gattung	Lateinische Bedeutung	Populäre Bezeichnung	Höhe der Wolkenbasis	Bestehend aus
Cirrus	feine, haarförmige Wolke	Hohe Federwolke, Schleierwolke	7–14 km	Eis
Cirrocumulus	feine, haarförmige Haufenwolke	Hohe Schäfchenwolke	7–12 km	Eis
Cirrostratus	Decke aus Cirruswolken	Hohe Schleierwolkenschicht	7–10 km	Eis
Altocumulus	Hohe Haufenwolke	(Grobe) Schäfchenwolke	4–6 km	Wasser, (selten) Eis
Altostratus	Hohe Wolkendecke	Mittelhohe Schichtwolke	3–5 km	Wasser und Eis
Nimbostratus	(Schlechtwetter-) Wolkendecke	Regen-, Schlechtwetterwolke	2–4 km	Wasser und Eis
Stratocumulus	Haufenwolkendecke	Schicht-Haufenwolke	1–3 km	Wasser
Stratus	(niedrige) Wolkendecke	Niedrige Schichtwolke, Hochnebel	0,1–1 km	Wasser
Cumulus	Haufenwolke	Quellwolke	0,5–2 km	Wasser
Cumulonimbus	(Schlechtwetter-) Haufenwolke	Schauer- und Gewitterwolke	0,5–2 km	Wasser und Eis

Nachweise

S. 38 *Wenn der Äther, Wolken tragend*, aus: Johann Wolfgang von Goethe, »Dornburg, September 1828«, in: »Deutsche Naturlyrik vom Barock bis zur Gegenwart«, hg. von Gunter E. Grimm, Stuttgart 1995.

S. 39 *Seht Ihr die Wolke dort*, aus: William Shakespeare, »Hamlet, Prinz von Dänemark«, Frankfurt am Main 1980.

S. 40 William Allen, aus einem Brief an Luke Howard, 1822, in: A.W. Slater, »Luke Howard, F. R. S. (1772–1864) and his Relations with Goethe«, *Notes and Records of the Royal Society*, 27, 1972.

S. 41 John Christian Huttner, aus einem Brief an Luke Howard im Auftrag Goethes, 1821, in: Elizabeth Fox Howard, »Goethe and Luke Howard, F. R. S.«, *Friendly Quarterly Examiner*, 66, 1932.

S. 46 *Ich denke mir die Erde*, Johann Peter Eckermann, aus einem Gespräch mit Goethe, 1827, in: Johann Peter Eckermann, »Gespräche mit Goethe in den letzten Jahren seines Lebens«, München 1988.

S. 49 *Oh die Wolken, die schönen*, aus: Hermann Hesse, »Peter Camenzind«, Roman, Frankfurt am Main 2001.

S. 54 *Aus roten Morgenwolken blüht*, aus Christian Morgenstern, »O traure nicht!«, in: »Gedichte in einem Band«, hg. von Reinhardt Habel, Frankfurt am Main 2004.

S. 55 *Den Wolken wird vielleicht einstmals*, aus: Christian Morgenstern, »Stufen – Aphorismen und Tagebuchnotizen«, Auswahl auf dem Gesamtwerk von Margareta Morgenstern, Frankfurt am Main 2004.

S. 61 *An jenem Tag*, aus: Bertolt Brecht, »Erinnerung an die Marie A.«, in: »Deutsche Dichtung der Neuzeit«, ausgewählt von Ernst Bender, Karlsruhe 1971.

S. 64 John Constable, zitiert in: Richard Hamblyn, »Die Erfindung der Wolken«, Frankfurt am Main 2003.

S. 65 John Constable, zitiert in: Richard Hamblyn, »Die Erfindung der Wolken«, Frankfurt am Main 2003.

S. 67 *Aber die Wolken*, aus: Günter Kunert, »Beziehung zu Wolken«, in: »Deutsche Naturlyrik vom Barock bis zur Gegenwart«, hg. von Gunter E. Grimm, Stuttgart 1995.

S. 74 »Leise Wolke«, Hermann Hesse, in: »Sämtliche Werke«, hg. von Volker Michels, Bd. 10 »Die Gedichte«, Frankfurt am Main 2002.

S. 75 »Meine Haare fliegen«, Max Dauthendey, in: »Keine Wolke stille hält. Erzählungen und Gedichte«, ausgew. und mit einem Nachw. von Gerhard Desczyk, Berlin 1970.

S. 77 *Inseln des Himmels*, aus: Octavio Paz, »Wolken«, aus dem Span. von Katrin Gebhardt, © Marie José Paz.

S. 81 *Die heftigste Ergriffenheit*, aus: John Stuart Mill, »Über die Freiheit«, hg. von Manfred Schlenke, aus dem Engl. von Bruno Lemke, Stuttgart 1995.

S. 84 *Gegen Streß, Kummer und Einsamkeit*, aus: Hans Magnus Enzensberger, »Die Geschichte der Wolken«, in: »Die Geschichte der Wolken. 99 Meditationen«, Frankfurt am Main 2003.

S. 90 *Ich bin das Kind*, aus: Percy Bysshe Shelley, »Die Wolke«, in: »Ausgewählte Werke. Dichtung und Prosa«, Frankfurt am Main 1990.

S. 91 *Wunderlicher Bau*, aus: Rainer Maria Rilke, »Abend in Skåne«, in: »Das Buch der Bilder«, Frankfurt am Main 1996.

S. 108 *Kurzes Glück schwamm*, aus: Detlev von Liliencron, »Märztag«, in: »Der ewige Brunnen. Ein Hausbuch deutscher Dichtung«, hg. von Ludwig Reiners, München 1995.

S. 109 *Es ist nicht Tag und nicht Stern*, aus: Else Lasker-Schüler, aus: »An den Prinzen Tristan«, in: »Helles Schlafen – Dunkles Wachen«, München 1975.

S. 111 *Die Wolke seh ich wandeln*, aus: Eduard Mörike, »Im Frühling«, in: »Der ewige Brunnen. Ein Hausbuch deutscher Dichtung«, hg. von Ludwig Reiners, München 1995.

S. 115 *Siehe, Gott ist groß und unbegreiflich*, aus: »Die Bibel«, Buch Hiob 36, 22–33.

S. 117 *Zuhauf jagten die Wolken gegen die Stadt*, aus: Josef Guggenmos, »Das Gewitter«, in: »Immerwährender Kinderkalender«, Wien 1958.

S. 124 *Ein blauer Brief ist der Nachmittag über den Gärten*, aus: Christine Busta, »Blick in den Augusthimmel«, in: »Deutsche Naturlyrik vom Barock bis zur Gegenwart«, hg. von Gunter E. Grimm, Stuttgart 1995.

S. 125 *Was liebst du denn, seltsamer Fremdling?*, aus: Charles Baudelaire, »Die Tänzerin Fanfarlo und Der Spleen von Paris«, aus dem Franz. von Walther Küchler, Zürich 1977.

S. 127 *Gott donnert mit seinem Donner wunderbar*, aus: »Die Bibel«, Buch Hiob 37, 5–13.

S. 131 *Doch jetzt ging ein Platzregen nieder!*, aus: Josef Guggenmos, »Das Gewitter«, in: »Immerwährender Kinderkalender«, Wien 1958.

S. 133 *Blaue Länder der Wolken*, Georg Heym, aus: »Träumerei in Hellblau«, in: »Das lyrische Werk. Sämtl. Gedichte 1910–1912, mit einer Ausw. der frühen Gedichte 1899–1909«, hg. von Karl Ludwig Schneider, München 1977.

S. 137 *Grüß mir die Sonne, Flieger*, © Adrian Koerfer.

S. 140 Johann Wolfgang von Goethe, »Howard's Ehrengedächtnis«, in: »Sämtliche Werke«, Bd. 25 »Witterungslehre«, Frankfurt am Main 1989.

S. 143 »Zeigt mir in der weiten Welt«, Hermann Hesse, aus: »Peter Camenzind«, Roman, Frankfurt am Main 2001.

S. 145 *Ich bin ein Stern*, aus: Else Lasker-Schüler, »Aber deine Brauen sind Unwetter...«, in: »Helles Schlafen – Dunkles Wachen«, München 1975.

S. 149 *Der blaue Himmel ist blau*, Hans Magnus Enzensberger, aus: »Die Geschichte der Wolken«, in: »Die Geschichte der Wolken. 99 Meditationen«, Frankfurt am Main 2003.

Weiterführende Literatur
Richard Hamblyn, »Die Erfindung der Wolken. Wie ein unbekannter Meteorologe die Sprache des Himmels erforschte«, aus dem Engl. von Ilse Strasmann, Frankfurt am Main 2001.

»Wolkenbilder. Die Entdeckung des Himmels«, hg. von Heinz Spielmann und Ortrud Westheider, Hamburg 2004.

»Wolkenbilder. Die Erfindung des Himmels«, hg. von Stephan Kunz, Johannes Stückelberger und Beat Wismer, München 2005.

VG Bild-Kunst, Bonn 2005
René Magritte, *Avenir des statues*
Joseph Beuys, *was birgt die Wolke?*